大人のための
青春18きっぷ

絶景・美味・温泉の旅へ！

観光列車の旅

旅行総合研究所タビリス代表
鎌倉 淳

河出書房新社

温泉にも！グルメにも！名所めぐりにも！観光列車と「青春18きっぷ」でちょっと贅沢な旅へ◉はじめに

いま、日本中で観光列車が増えている。**車両や車内サービスに工夫を凝《こ》らし、鉄道旅行をより楽しめる列車**が、各地に続々と登場しているのだ。

よく知られている例が、秋田県と青森県を結ぶ快速「リゾートしらかみ」である。五能《ごのう》線というローカル線を走り、日本海を眺望《ちょうぼう》できる列車だ。リクライニングシートにゆったりと座って車窓を眺《なが》めたり、車内で食事をしたり、イベントを体験したりと多彩に楽しめる。

そして嬉しいことに、この列車に乗るには、**乗車券のほかに５３０円の座席指定券（指定席券）を用意するだけでいい**。意外と手軽なのである。

豪華な観光列車もある。「クルーズトレイン」と呼ばれる豪華寝台列車は別格としても、特急グリーン車扱いの観光列車も多い。こちらは1万円以上することもあり値が張るが、お値段以上の鉄道旅行が待っているのは確かである。

本書は、こうした観光列車と「青春18きっぷ」を組み合わせることで、リーズナブル、かつ、ちょっと贅沢《ぜいたく》な旅を提案しようというものだ。

ご存じの方も多いと思うが、「青春18きっぷ」は、**５日間１万２０５０円で全国のＪＲ線の普通・快速列車が乗り放題**になるきっぷである。１日分の２４１０円相当で何百㎞も旅をすることが可能で、格安旅行のアイテムとしてよく知られている。

低価格でどこへでも行けるから、さまざまな目的の旅に使える。名所をたどる観光旅行にも、温泉めぐりにも、グルメ旅行にも役に立つ。そこへ観光列車を織りこめば、旅が格段に快適になるし、道中《どうちゅう》も盛り上がる。

簡単にいえば、「青春18きっぷ」の大人の使い方として、車両やサービスを楽しめる観光列車の旅をしてみよう、ということだ。そのためのヒントを提供するのが本書の目的である。本書をきっかけに、鉄道旅行の新しい楽しみ方を見つけてくだされば幸いである。

鎌倉 淳

大人のための 青春18きっぷ 観光列車の旅／もくじ

1章 「青春18きっぷ」で観光列車に乗りに行こう！

車窓・食・イベント…「観光列車の旅」は魅力いっぱい

ローカル線の旅を彩る存在 12

「青春18きっぷ」で乗れる観光列車とは 13

「観光列車」とは、どんな列車のこと？ 14

JR各社が運行する観光列車に違いはある？ 15

トロッコ・レストラン・SL…種類も車両もさまざま 16

観光列車の「きっぷ」は、どこで購入できる？ 22

観光列車が抱えている2つの「難点」とは 23

「青春18きっぷ」の基本ルールを知っておこう

1日あたり「２４１０円」のお得なきっぷ　24
きっぷの販売期間と利用期間は？　26
「青春18きっぷ」で乗れる列車、乗れない列車は？　27
グリーン券の購入で、通勤路線も心地よい旅に　29
「元を取る」にはどれくらい乗ればいい？　30
夫婦やグループで利用する方法は？　32
安さだけではない「青春18きっぷ」の真の価値とは　33
「青春18きっぷ」にはデメリットもある　34

「青春18きっぷ」を実際に使ってみよう

「時刻表での下調べ」が快適な旅の第一歩　36
「どこで食事するか」を考えておく　38
ローカル線と観光列車のトイレ事情は？　39
座席や乗車する車両を選ぶときのポイントは？　40

「青春18きっぷ」を使った旅のプランニング術

「どう乗り継ぐか」より「どこでのんびりするか」が重要　41
特急や新幹線を利用すれば、旅の選択肢が広がる　43
高速バスやフェリー、飛行機も組み合わせる　45

私鉄・第三セクターに乗らないのはもったいない 47
青春18きっぷで乗れる「第三セクター路線の特例」とは 48
無料で特急に乗車できる区間もある 50
1回分の有効期限は、翌日午前0時まで 51

2章 ふらり&のんびり…日帰り旅のススメ

プラン01 「富良野・美瑛ノロッコ号」でラベンダーが咲き乱れる大地へ 54
プラン02 「快速湯けむり号」でみちのくの名湯・鳴子温泉へ 57
プラン03 「ハイレール1375」で八ヶ岳高原の絶景を堪能！ 60
プラン04 「SL／ELぐんま よこかわ」でかつての碓氷峠越えを偲ぶ 63
プラン05 「B.B.BASE」で春風そよぐ房総をサイクリング 66
プラン06 「リゾート21」で相模灘の眺望と伊東の湯めぐりを楽しむ 69
プラン07 「うみやまむすび」を狙って〝天空の城〟と城崎温泉を訪ねる 72
プラン08 「さくびさくら」で西の小京都・津山を訪ねる 75
プラン09 九州唯一の現役蒸気機関車が牽く「SL人吉」との別れを惜しむ 78

3章 ご当地グルメと絶景の車窓を堪能する旅

プラン10 「海里」で日本海を眺め、庄内・山形の美食を味わう 84

プラン11 「越乃シュクラ」「おいこっと」で新潟・長野ほろ酔い旅 88

プラン12 「べるもんた」で絶品の海の幸に舌鼓を打つ 93

プラン13 「○○のはなし」「ＳＬやまぐち」で歴史薫る萩・津和野をめぐる 97

4章 美しい自然と歴史の息吹に触れる旅

プラン14 「くしろ湿原ノロッコ号」で雄大な自然をのんびり楽しむ 106

プラン15 「ＳＬ冬の湿原号」に乗って白銀の大地で野生生物に会う 110

プラン16 「リゾートしらかみ」に乗って車窓を流れる大パノラマに歓声 113

プラン17 「ＳＬばんえつ物語」で鉄道の歴史をたどる旅へ 116

プラン18 「びゅうコースター風っこ」で風光明媚な北茨城・奥久慈へ 120

プラン19 「SLぐんまみなかみ」で〝モグラ駅〟と谷川岳を訪ねる 123
プラン20 「ナイトビュー姨捨」で日本三大車窓の夜景を見に行く 126
プラン21 「奥出雲おろち号」でのんびりローカル線の旅 129
プラン22 「藍よしのがわトロッコ」で秘境・大歩危を目指す 132
プラン23 「しまんトロッコ」で日本最後の清流を体感する 135

5章 人気キャラクターに出会える ラッピング列車の旅

プラン24 「ルパン三世ラッピングトレイン」で日本最東端の納沙布岬へ 140
プラン25 ファン垂涎！南三陸を「ポケモントレイン気仙沼」でたどる 143
プラン26 「マンガッタンライナー」で石ノ森章太郎の世界へ 146
プラン27 「戦国ラッピング列車」で朝倉氏が築いた一乗谷遺跡へ 149
プラン28 「名探偵コナン列車」「鬼太郎列車」で人気アニメの世界に浸る 152

6章 一度は乗ってみたい！豪華列車で極上の旅

プラン29「雪月花」「ワインバレー列車」「ろくもん」で信越を味わい尽くす 156
プラン30「富士山ビュー特急」で世界遺産の麓を駆けながらスイーツを 162
プラン31「大正ロマン号」で四季折々のグルメを味わう 165
プラン32「丹後くろまつ号」で〝海の京都〟へグルメ旅 168
プラン33「ラ・マルド・ボァ」でこんぴらさんへ初詣 171
プラン34「四国まんなか千年ものがたり」「伊予灘ものがたり」で上質な時間を過ごす 175
プラン35「ことこと列車」でゆったりのんびりグルメ旅行 180
プラン36「おれんじ食堂」「36ぷらす3」ぐるっと九州ひと周り 183
プラン37「ふたつ星4047」で西九州の旅を優雅に締めくくる 188

北海道で「青春18きっぷ」の旅を楽しむ／81
北陸で「青春18きっぷ」の旅を楽しむ／102
「青春18きっぷ」での船旅／138

カバーデザイン●スタジオ・ファム
カバー写真●Ran／PIXTA
本文写真●フォトライブラリー／PIXTA／キャンター（P157下）／MaedaAkihiko（P159中）／Rsa（P160、P189中）
地図作成●原田弘和

＊各プランの時刻、料金、サービス内容は２０２３年４月現在です。ご旅行の際は時刻が異なる場合もありますので、最新の時刻表、ネット時刻検索などでご確認ください。
＊ＪＲの指定席料金は通常期料金で記載しています。
＊各プランのルートは、特記のない限り、土休日ダイヤを基に作成しています。

1章

「青春18きっぷ」で観光列車に乗りに行こう！

人気の観光列車のなかには「青春18きっぷ」で乗車できるものがある。まずは、旅をより楽しくしてくれる観光列車の魅力、そして「青春18きっぷ」の基本ルールをよく知ろう。

車窓・食・イベント…「観光列車の旅」は魅力いっぱい

◉ローカル線の旅を彩る存在

ローカル線の旅をするとき、観光列車の存在は眩《まぶ》しい。**観光列車は、鉄道旅行を楽しむ仕掛けにあふれている**からだ。

何よりも、車窓を楽しみやすい座席配置になっている。観光列車の座席には、回転式リクライニングシートや、ボックスシート、トロッコ車両の展望席などさまざまあるが、どんなタイプでも車窓からの風景が見やすいように配慮されている。景色のいい区間では減速運転したり、駅に長時間停車したりして、観光の時間をつくってくれることもある。

たいていの観光列車は座席の座り心地《ごこち》もよいし、座席指定もできる。供食《きょうしょく》サービスが存在する点も見逃せない。すべてではないが、多くの観光列車では、車内販売や駅での停車時間を通じて、弁当やデザート類などを提供してくれる。食事をとりやすいよう、座席には大きなテーブルが付いていることも多い。「レストラン列車」と銘《めい》打《う》ち、有名レストランの食事を車内で供して目玉に据《す》えている列車もある。

これに対し、近頃のＪＲの一般車両はローカル線でもロングシートが多く、景色を楽しむのにはあまり向いていないし、駅弁を買っても、食べる場所に困る。座席指定もできないから、座れるかどうかは乗ってみるまでわからない。

もちろん、そうした不便さも「ローカル線の味」である。とはいえ、快適な座席に座り、食事をしながら車窓を眺めれば、旅の印象は一変する。

だからこそ、ローカル線の旅をするとき、選べるなら観光列車をおすすめする。観光列車を選ぶことで、鉄道旅行の楽しみは大きくふくらむことだろう。

◉「青春18きっぷ」で乗れる観光列車とは

「青春18きっぷ」は、簡単にいえば、「ＪＲの普通・快速列車の普通車自由席に乗り放題」のきっぷである。したがって、日本各地の観光列車のうち、ＪＲが普通・快速として運行している列車の普通車自由席には、すべて「青春18きっぷ」で乗車できる。

別途、指定席券を購入すれば座席指定も可能だ。グリーン券を購入すれば、グリーン車自由席も利用できる。つまり、**ＪＲの普通・快速列車の観光列車のうち、普通車自由席、普通車指定席、グリーン車自由席ならば、「青春18きっぷ」で乗車できる**のだ。

◉「観光列車」とは、どんな列車のこと？

「観光列車」に明確な定義があるわけではないが、「内外装を凝《こ》らし、味覚を楽しみながら旅行ができるなど、乗ること自体を目的にした列車」（ＪＴＢ総合研究所観光用語集）というのが、わかりやすい説明だろうか。デザインと供食サービスの２つが大きなポイント、というわけである。デザインには、座席などアコモデーション（車内設備）の工夫も含まれる。

さらに「列車名に愛称が付いている」「専用車両で運行している」といったことも観光列車の特徴である。箇条書きにまとめると、以下のようになる。

・外観や内装のデザインが凝っている
・座席などのアコモデーションを工夫している
・供食サービスがある
・列車名が付いている
・専用車両で運行している

これらの条件をすべて備えている観光列車もあるし、一部だけの観光列車もある。アコモデーションや食事のグレードもさまざまだ。すべてを兼《か》ね備えている列車はたいてい豪華で、特急やグリーン車として運行している。いっぽう、シンプルなサービスの列車は普通・快速列車の普通席が多い。いずれにせよ、列車・座席種別相応のサービスが受けられる。

◉ＪＲ各社が運行する観光列車に違いはある？

ＪＲの旅客会社は全国で６社あるが、会社によって観光列車への熱の入れ具合には差がある。もっとも観光列車のラインナップが豊富なのはＪＲ東日本だ。「のってたのしい列車」と総称し、専用のホームページを設けてＰＲしている。同社は、観光列車に専用車両を積極的に投入している。

ＪＲ九州も、水戸《みと》岡《おか》鋭治《えいじ》氏をデザイナーに起用し、観光列車を「Ｄ＆Ｓ列車」と総称して集客している。「Ｄ＆Ｓ」とは「デザイン＆ストーリー」の意味で、列車デザインと物語のある列車で九州を楽しむ、というコンセプトである。おもに古くなった車両を「Ｄ＆Ｓ列車」として再生している。

ＪＲ西日本は、独自の呼称を用いてはいないものの、近年、観光列車に力を入れつつある。

ＪＲ北海道やＪＲ四国は、経営危機を背景に、地元自治体の支援を受けながら観光列車の充実を図っている。

観光列車が少ないのは、ＪＲ東海である。観光用の特別車両を保有しておらず、臨時の観光列車も、一般の特急型車両を使って運行している。本書でもＪＲ東海の観光列車は紹介していないが、同社がほとんど運行していないことが理由である。

◉トロッコ・レストラン・ＳＬ…種類も車両もさまざま

日本各地のおもな観光列車を一覧にしたのが、18ページからの表である。この表には、ＪＲの特急列車や、私鉄・第三セクターの観光列車も含まれているので、すべての列車に「青春18きっぷ」で乗車できるわけではない。それを踏まえての話だが、多彩な観光列車が全国津々浦々を走っていることがわかるだろう。

観光列車のタイプも多彩である。代表的なのは、**景色が見やすい、窓の大きな観光用車両を用いた列車**だ。ＪＲ東日本では「リゾートしらかみ」（113ページ）、「リゾートビューふるさと（ナイトビュー姨捨《おばすて》）」（126、158ページ）、「海里《かいり》」（84ページ）など、眺望《ちょうぼう》のいい列車を多数走らせている。

トロッコ列車も、景色を楽しむための観光用車両の一種である。ＪＲ四国の「しまんトロッコ」（135ページ）が草分け的存在で、ＪＲ東日本の「びゅうコースター風っこ」（120ページ）などもよく知られている。ＪＲ北海道の「ノロッコ号」（54、106ページ）もトロッコ列車の一種である。

最近急増しているのが、**レストラン列車**や**グルメ列車**である。車内で豪華な食事を供する列車で、ＪＲ四国の「伊《い》予《よ》灘《なだ》ものがたり」（175ページ）などが代表例だろう。

レストラン列車は、ＪＲよりも私鉄や第三セクター会社で多く走っている。えちごトキめき鉄道の「雪《せつ》月《げつ》花《か》」（156ページ）は、豪華な車両と食事を兼ね備えた高級レストラン列車として新境地を切り拓いた。そこまで豪華ではなくても、車内で特製弁当を販売するなど、手軽にグルメを楽しめる列車は各地に走っている。

こうした観光列車の多くは、一般型車両を改造したものだ。古くなった車両をリニューアルし、観光列車としてリユースしている場合が多い。デザインを一新して、新製と見まがう車両もある。もちろん、新製の観光列車も一部ではあるが存在する。

ＳＬ列車も観光列車に含まれる。ＪＲ西日本の「ＳＬやまぐち」（97ページ）は、国鉄時代から運行を続けている伝統的な観光列車としてよく知られている。ＪＲ東日本やＪＲ北海道もＳＬ列車を運行しているし、大井川鐵道（静岡県）を筆頭に、私鉄でもＳＬを保有している会社は少なくない。

区間	距離	特徴
釧路～塘路	27.2km	道東の湿原を走るトロッコ列車
釧路～標茶	48.1km	C11形。北海道唯一のSL列車
網走～知床斜里	37.3km	車窓から流氷を楽しめる
旭川～美瑛・富良野	54.8km	富良野・美瑛をめぐるトロッコ列車
函館～木古内～函館	82.8km	昭和な列車旅とグルメを楽しめる
津軽五所川原～津軽中里	20.7km	ストーブ付き旧型客車の旅
秋田～弘前・青森	247.6km	五能線で日本海の絶景を楽しむ
一ノ関～気仙沼	62.0km	ポケモンがいっぱいの列車と路線に興奮！
仙台～新庄	137.3km	鳴子温泉などの湯めぐりに便利
新潟～酒田	168.2km	新潟・庄内の食と景色を楽しむ
JR東日本各線	———	東日本各地のローカル線を走るトロッコ列車
会津若松～会津田島	45.1km	お座敷、トロッコ、展望の三拍子揃った列車
下今市～鬼怒川温泉	12.4km	C11形。首都圏から近く手軽に乗れるSL列車
下館～茂木	41.9km	C12形が50系客車を牽引する
大間々～足尾	35.5km	渡良瀬川の渓谷を走るトロッコ列車
桐生～間藤	44.1km	冬季も走るトロッコ気動車
高崎～水上	59.1km	C61形が上州路を走る
高崎～横川	29.7km	C61形がELの補機と共に走る
池袋～西武秩父	76.8km	隈研吾氏デザインのレストラン列車
熊谷～三峰口	56.8km	C58形が12系客車を牽引する
五井～養老渓谷	34.9km	房総の里山を走るSL風列車
両国～安房鴨川など	129.2km	房総方面へのサイクルトレイン
大月～河口湖	26.6km	富士山を眺めながらとっておきスイーツを
小淵沢～小諸	78.9km	「天空にいちばん近い列車」でJR線最高地点へ
上越妙高～十日町	127.6km	新潟の酒をテーマにしたグルメ列車
上越妙高～妙高高原～糸魚川	103.8km	新潟の食と景色を楽しむ豪華レストラン列車
直江津～糸魚川・市振	59.3km	国鉄形急行車両に乗って懐かしい旅へ
富山～泊～富山	98.2km	富山の食を楽しむグルメ列車
軽井沢～長野	74.4km	真田氏をテーマにした豪華グルメ列車
長野～十日町	86.1km	やすらぎと癒やしがテーマ
長野～湯田中	33.2km	旧小田急ロマンスカーでワインを堪能
長野～南小谷	132.8km	北アルプスや姨捨の絶景を楽しむ
長野～姨捨	21.8km	日本三大車窓・姨捨の夜景を楽しむ
熱海～伊豆急下田	62.6km	伊豆の景観が楽しめる料金不要の展望列車
新金谷～千頭	37.2km	C10形、C11形など観光SL列車の本家本元

日本を走る観光列車(東日本)

列車名	おもな走行路線	
くしろ湿原ノロッコ号	JR釧網線	
SL冬の湿原号	JR釧網線	
流氷物語号	JR釧網線	
富良野・美瑛ノロッコ号	JR富良野線	
ながまれ海峡号	道南いさりび鉄道	
ストーブ列車	津軽鉄道	
快速 リゾートしらかみ	JR奥羽線、五能線	
ポケモントレイン	JR気仙沼線	
快速 湯けむり号	JR東北線、陸羽東線	
快速 海里	JR白新線、羽越線	
びゅうコースター風っこ	JR東日本各線	
お座トロ展望列車	会津鉄道	
SL大樹	東武鬼怒川線	
SLもおか	真岡鐵道	
トロッコわたらせ渓谷号	わたらせ渓谷鐵道	
トロッコわっしー号	わたらせ渓谷鐵道	
快速 SLぐんま みなかみ	JR上越線	
快速 SLぐんま よこかわ	JR信越線	
52席の至福	西武池袋線、秩父線	
SLパレオエクスプレス	秩父鉄道	
里山トロッコ	小湊鐵道	
B.B.BASE	JR総武線、内房線、外房線	
富士山ビュー特急	富士急行	
快速 HIGH RAIL1375	JR小海線	
快速 越乃Shu*Kura	JR信越線、上越線、飯山線	
えちごトキめきリゾート雪月花	えちごトキめき鉄道	
観光急行	えちごトキめき鉄道	
一万三千尺物語	あいの風とやま鉄道	
快速 ろくもん	しなの鉄道	
快速 おいこっと	JR飯山線	
特急 北信濃ワインバレー列車	長野電鉄	
快速 リゾートビューふるさと	JR篠ノ井線、大糸線	
快速 ナイトビュー姨捨	JR篠ノ井線	
リゾート21	JR伊東線、伊豆急行	
SLかわね路号	大井川鐵道	

区間	距離	特徴
恵那～明智	25.1km	「食堂車」を連結し、季節に応じた食事を楽しめる
美濃太田～北濃	72.1km	長良川を見ながら食事やスイーツを味わう
氷見～高岡～城端	46.4km	車内で握りたての寿司が楽しめる
七尾～穴水	33.3km	能登半島を旅するグルメ列車
金沢～和倉温泉	71.0km	「和と美」をコンセプトにしたおもてなし列車
天橋立～西舞鶴	29.1km	丹後の幸を味わえる豪華レストラン列車
西舞鶴～天橋立	29.1km	カジュアルに乗れる予約制のカフェ列車
西舞鶴～豊岡	83.6km	予約不要で楽しめる観光列車
大阪～新宮など	315.5km	夜行列車としても運行する長距離観光列車
寺前～浜坂	115.0km	「宝箱」をイメージした観光用車両
岡山～津山	58.7km	「美しきを作る旅」で岡山の食を味わおう
鳥取～出雲市	154.3km	山陰の神話にちなんだ列車。郷土料理やスイーツを
東萩～新下関	116.9km	幕末の雰囲気のなか、響灘や日本海の絶景を楽しめる
木次～備後落合	60.8km	中国山地に分け入るトロッコ列車。2024年春運行終了
岡山～尾道など	32.8km	瀬戸内エリアを走るアート風列車
尾道～広島	104.9km	瀬戸内を楽しむ列車。弁当やスイーツも
新山口～津和野	62.9km	C57形またはD51形。国鉄SL列車の草分け的存在
岡山～琴平・高松	64.0km	瀬戸大橋を渡る、子どもに人気のトロッコ列車
松山～伊予大洲・八幡浜	68.4km	愛媛の海沿いを走る、レストラン列車の老舗
多度津～大歩危	65.5km	「おとなの遊山」という洗練されたレストラン列車
高知～窪川	72.1km	幕末・維新の世界観を表現した、異色のレストラン列車
徳島～阿波池田	74.0km	「四国三郎」吉野川に沿って走るトロッコ列車
宇和島～窪川	82.2km	「最後の清流」四万十川に沿って走るトロッコ列車
宇和島～窪川	82.2km	新幹線0系を模したデザイン。四国初の新幹線？
宇和島～窪川	82.2km	かっぱの世界を楽しめる観光列車。車内にはフィギュアも
後免～奈半利	42.7km	オープンデッキで太平洋の海風を満喫できる
JR九州各線	――	九州全域をめぐる全車グリーン席の豪華列車
直方～行橋	42.4km	筑豊地方の田園地帯をゆっくり走るレストラン列車
西鉄福岡～大牟田	74.8km	福岡発着で筑後エリアを縦走するレストラン列車
鳥栖～熊本	89.9km	九州唯一のSL列車。肥薩線が不通のため鹿児島線を走行
武雄温泉～長崎	106.1km	有明海や大村湾を望みながら、ちょっと優雅な旅ができる
諫早～島原	40.5km	地元グルメを満喫できるランチ・スイーツ列車
熊本～三角	36.5km	「走るジャズバー」の異名をもつ、大人向けの観光特急
熊本～別府	160.1km	三段式スイッチバックを越えて阿蘇を横断する観光列車
立野～高森	17.7km	阿蘇南麓を走るトロッコ列車。外輪山の眺望が美しい
新八代～川内	119.7km	南九州を走る豪華レストラン列車
宮崎～南郷	55.6km	日本神話の「海幸彦山幸彦」にちなむリゾート列車

日本を走る観光列車（西日本）

列車名	おもな走行路線	
急行 大正ロマン号	明知鉄道	
ながら	長良川鉄道	
快速 べるもんた	JR氷見線、城端線	
のと里山里海号	のと鉄道	
特急 花嫁のれん	JR七尾線	
丹後くろまつ号	京都丹後鉄道	
丹後あかまつ号	京都丹後鉄道	
丹後あおまつ号	京都丹後鉄道	
WEST EXPRESS 銀河	JR阪和線、紀勢線など	
うみやまむすび	JR播但線、山陰線	
SAKU美SAKU楽	JR津山線	
快速 あめつち	JR山陰線	
快速 ○○のはなし	JR山陰線	
奥出雲おろち号	JR木次線	
快速 La Malle de Bois	JR山陽線など	
快速 etSETOra	JR山陽線など	
快速 SLやまぐち号	JR山口線	
瀬戸大橋アンパンマントロッコ	JR瀬戸大橋線、予讃線、土讃線	
特急 伊予灘ものがたり	JR予讃線	
特急 四国まんなか千年ものがたり	JR土讃線	
特急 志国土佐 時代の夜明けのものがたり	JR土讃線	
藍よしのがわトロッコ	JR徳島線	
しまんトロッコ	JR予土線	
鉄道ホビートレイン	JR予土線	
海洋堂ホビートレイン	JR予土線	
しんたろう・やたろう	土佐くろしお鉄道ごめん・なはり線	
特急 36ぷらす3	JR九州各線	
ことこと列車	平成筑豊鉄道	
THE RAIL KITCHEN CHIKUGO	西日本鉄道	
SL人吉	JR鹿児島線	
特急 ふたつ星4047	JR長崎線、佐世保線、大村線	
しまてつカフェトレイン	島原鉄道	
特急 A列車で行こう	JR三角線	
特急 あそぼーい!	JR豊肥線	
ゆうすげ号	南阿蘇鉄道	
快速 おれんじ食堂	肥薩おれんじ鉄道	
特急 海幸山幸	JR日南線	

◉観光列車の「きっぷ」は、どこで購入できる？

観光列車は利用客の少ない路線の活性化を目的に導入されることが多いので、運行区間のほとんどがローカル線だ。

決まった区間を走る列車が多いが、時期によって走行区間を変える列車もある。たとえば、「リゾートしらかみ」は秋田～青森・弘前間しか走らないが、「びゅうコースター風っこ」は、季節に応じて東北や関東甲信越のさまざまな路線で運行する。

観光列車といっても、多くの場合、座席の販売方法は一般列車と変わらない。**指定席券としてＪＲの駅窓口やインターネットで販売する**というかたちである。新幹線や特急の指定席券と同じで、**乗車日の１か月前の午前10時**から販売する。

別のかたちとして、旅行会社のツアー商品として販売することもある。この場合は、駅窓口では扱わず、旅行会社でのみ販売する。一般販売用の車両とツアー商品向けの車両を分けている観光列車もある。

「青春18きっぷ」を使って観光列車に乗車する場合、利用できるのは一般販売用の車両や座席だけだ。もちろん、「青春18きっぷ」を使って観光列車の発着地まで行き、そこから別料金を払えば、どんな列車や座席、ツアーも利用は可能である。

◉観光列車が抱えている2つの「難点」とは

観光列車には難点が2つある。1つは、運転日が限られていること。もう1つは、予約が取りにくいことだ。

観光列車が運行されるのは、**基本的には土休日と夏休みなど学休期だけ**である。金曜日や月曜日に運転する列車もあるし、一部の人気列車は毎日運転するが、例外的な存在だ。したがって、平日の空《す》いているときに利用しようと思っても、運転されていないことが多い。

運行日が限られているうえに人気があるので、予約も難しい。気が向いたときにひょいと駅窓口に立ち寄って指定席券が取れるほど甘くはない。指定席券の発売開始日は1か月前だが、発売初日に売り切れてしまうこともある。

列車によっては、旅行会社がツアー用に座席を大量に押さえていることもある。その場合、発売初日に一般販売している座席数そのものが少ないので、なおさら指定席券確保が難しい。

ただ、満席だったとしてもあきらめることはない。旅行会社が押さえていた座席が売れ残った場合、一般販売に回されて放出されるからだ。放出時期は、**運行日の2週間から1週間くらい前**のことが多い。したがって、粘り強く空席をチェックしていれば、予約困難とされる列車の指定席券が、あっさり取れることもある。

なお、**食事を供する列車の場合、列車の指定席券と食事券が別立て**になっていることもある。指定席券は空席があれば直前でも購入できるが、食事券は3～4日前に予約を打ち切る場合が多い。車内で販売する予約制の弁当も、数日前までに予約をしなければならない。せっかく乗るのだからグルメも楽しみたいと思っている方は、くれぐれも忘れないようにしたい。

食事の予約方法は列車により異なるが、最近はネットやアプリを利用する場合が多い。ＪＲ東日本の「JRE MALL ネットでエキナカ」、ＪＲ西日本の「tabiwa by WESTER」などが代表例だ。スマートフォンにアプリをインストールしておくと何かと便利だ。

「青春18きっぷ」の基本ルールを知っておこう

◉1日あたり「2410円」のお得なきっぷ

ここで、「青春18きっぷ」について、ルールなどを簡単に説明していこう。基本的なことからおさらいしていくので、「青春18きっぷ」についてくわしい方は、読み飛ばしていただいて構わない。

「青春18きっぷ」は、**全国のＪＲ線の普通・快速列車の普通車自由席が5日間乗り放題**となるきっぷである。年齢制限はない。「18歳でなければ使えない」と勘違いしている人もいるそうだが、10歳でも１００歳でも利用できる。ただし、子ども料金の設定はなく、大人も子どもも同額である。

５回分が１枚のきっぷとなっている。１回分が１日有効なので、５日間有効である。１人で５日間の旅行に出て５日連続で使ってもいいし、日帰り旅行を５回に分けて１日ずつ使っても構わない。夫婦や友人と２人で２日間の旅に出て、残った１回分で一人旅をしても問題ない。要するに、５回分を自分の都合に合わせて自由に使える。

価格は**１枚につき１万２０５０円**。１回分＝１日有効なので、**１日あたり２４１０円**である。１日ずつのバラ売りはしていないし、使い残したときにＪＲが払い戻してくれるわけでもないので、「１日２４１０円」と書くと正確ではなくなる。「１日あたり２４１０円」という回りくどい表現をしているのは、そのためである。

「青春18きっぷ」の使い方は簡単で、使用する当日、最初に乗車するＪＲ駅の改札口で日付入りの入場スタンプを押してもらうだけだ。無人駅から乗車するさいは、車掌または運転士に提示してスタンプを押してもらう。その時点から終電までのあいだ、ＪＲの普通・快速列車に乗り放題となる。自動改札は通れないので、有人改札を通過して、そのたびにきっぷを提示する。

◉きっぷの販売期間と利用期間は？

「青春18きっぷ」は、期間限定のきっぷである。利用期間は春、夏、冬の年３回。２０２３年の発売期間、利用期間は、つぎの通りである。

〔春〕発売期間　2月20日～3月31日
利用期間　3月1日～4月10日
〔夏〕発売期間　7月1日～8月31日
利用期間　7月20日～9月10日
〔冬〕発売期間　12月1日～12月31日
利用期間　12月10日～1月10日

利用期間の合計は、年間１２６日間。おおざっぱにいって、１年間の３分の１が利用期間だ。もっとも利用期間が長いのが夏で、１か月半以上使える。もっとも短いのが冬で、約１か月である。

いずれのシーズンも、**利用期間と発売期間に10日から20日のずれがあるので注意が必要だ。**

たとえば、正月三が日は冬の利用期間に含まれるが、発売期間には含まれない。したがって、正月に「青春18きっぷ」を利用しようと計画したら、年末までに購入しておく必要がある。

シーズンごとに発売されたきっぷは、つぎのシーズンに持ち越すことはできない。その季節に使い残した「青春18きっぷ」は、期間が過ぎれば無効になってしまう。春に使い残した1回分を夏に使うことはできない、ということだ。

「青春18きっぷ」の発売予定は、毎年2月頃に、春、夏、冬の設定期間が1年分まとめて発表される。各利用期間が近づくと、ＪＲの駅構内のポスターや列車の中吊り広告などで告知されるので、ＪＲを日常的に利用している人なら気付くだろう。

◉「青春18きっぷ」で乗れる列車、乗れない列車は？

「青春18きっぷ」で乗れるのは、ＪＲ線の普通・快速列車である。

たとえば、東北線には「快速ラビット」、高崎線には「快速アーバン」といった快速列車があるが、これらには乗車できる。ＪＲ北海道が誇る「エアポート快速」や、道東に足を延ばす「特別快速きたみ」といった列車にも乗れる。特急顔負けの俊足で知られる近畿圏の「新快速」にも乗車できる。

普通・快速列車のうち、普通車自由席、つまり一般席には乗り放題である。普通車指定席とグリーン車自由席には、別途、指定席券またはグリーン券を購入すれば乗車できる。ただし、**グリーン車指定席には、別途グリーン券を購入しても乗車できない。**

特急列車には、原則として乗車できない。特例として乗車できる場合もあるが、それについては後述する。

新幹線は「青春18きっぷ」では、一切乗車できない。ただし、「青春18きっぷ北海道新幹線オプション券」を別途購入すれば、奥津軽いまべつ～木古内《きこない》間のみ北海道新幹線に乗車できる。これについては、81ページにて紹介したい。

観光列車には、普通・快速列車として運行しているものと、特急列車として運行しているものがある。このうち、**「青春18きっぷ」で乗れるのは、普通・快速列車の観光列車**である。ただし、観光列車の多くは全車指定席なので、「青春18きっぷ」とは別に指定席券を購入する必要がある。価格は時期や列車により変動するが、通常期の標準価格は５３０円。最低価格は閑散期の３３０円だ。列車によっては高めの指定席料金が設定されていて、２０００円程度する場合もある。

「青春18きっぷ」で乗れる列車、乗れない列車

列車種別	座席種別	乗車可否	備考
普通・快速	普通車自由席	○	乗り放題
普通・快速	普通車指定席	△	指定席券（通常期530円）が必要
普通・快速	グリーン車自由席	△	グリーン車自由席券（580円～）が必要
普通・快速	グリーン車指定席	×	
特急・急行	すべての座席	×	一部特例区間では乗車可
新幹線	すべての座席	×	奥津軽いまべつ～木古内間は「オプション券」を購入すれば乗車可

◉グリーン券の購入で、通勤路線も心地よい旅に

「青春18きっぷ」だけではグリーン車には乗れないが、グリーン券を追加で買えば、普通・快速列車のグリーン車自由席に乗車できる。

グリーン車自由席は、首都圏の通勤路線に多い。東海道線、横須賀線、総武線、東北線、高崎線、常磐線、上野東京ライン、湘南新宿ラインにグリーン車自由席が連結されている。これらの路線でグリーン車を利用すれば、混雑する通勤路線の旅が快適になる。２０２５年頃には中央線でも連結される予定だ。

首都圏のグリーン車は回転式リクライニングシートを備えており、在来線特急の普通車並みのアコモデーションを誇る。価格は平日と土休日で異なり、土休日の事前料金なら51㎞以上で８００円。東京から熱海方面や、高崎、宇都宮方面に向かうときは、乗車時間が2時間近くに及ぶことがあるが、８００円を支払えば、快適な移動が約束されるのだ。

注意点として、首都圏のグリーン料金は車内で支払うと割高になり、土休日の51㎞以上なら１０６０円になってしまう。**できるだけ乗車前に購入するのがよい**。おもな駅では、ホーム上にグリーン券の販売機があり、Ｓｕｉｃａなどの交通系ＩＣカードがあれば購入できる。

◉「元を取る」にはどれくらい乗ればいい？

「青春18きっぷ」1回分は２４１０円である。「元を取るにはどれくらい乗ればいいの？」というのは、よくある質問だ。

ＪＲの運賃は会社によって多少異なり、幹線と地方交通線と電車特定区間（51ページ参照）でも、それぞれ異なる。本州3社の幹線をベースに考えると、**片道１４１㎞以上**を乗ると正規運賃で２６４０円となり、「青春18きっぷ」1日分で元が取れることになる。

東京を中心に見てみると、１４１㎞以上というのは、東海道線の**富士**、中央線の**韮崎**《にらさき》、上越線の**沼田**、東北線の**矢板**《やいた》、常磐線の**日立**あたりが該当する。大阪を中心に見てみると、山陽線の**和気**《わけ》（岡山の手前）、東海道線の**大垣**、北陸線の**今庄**《いまじょう》（敦賀《つるが》の先）、紀勢線の**紀伊田辺**《きいたなべ》あたりになる。

路線にもよるが、これらの駅までは、だいたい普通列車で2時間半から3時間程度かかる。

簡単にいえば、**列車に3時間乗りっぱなしなら、おおむね「元が取れる」距離に達する**、ということだ。

日帰りで往復する場合は、その半分の71㎞以上が、元が取れる距離である。東京から小田原や宇都宮、高崎といった距離を往復すれば、十分に元が取れる。

幹線より割高な地方交通線の場合は、片道１２９㎞（２６４０円）で元が取れる。幹線より短い距離なので、よりお得な気持ちになるかもしれない。

ただし、地方交通線は列車の速度が幹線より遅いことが多いので、乗車時間で3時間という目安が大きく変わることはない。

いずれにしろ、「青春18きっぷ」は、列車に1日3時間程度乗れば、元が取れてしまうきっぷである。そして、鉄道旅行をするならば、1日3時間くらい、何も考えずとも乗ってしまうものだ。したがって、鉄道旅行を目的として「青春18きっぷ」を使うのであれば、「損益分岐点」をあまり気にする必要はない。

さらにいえば、たとえ1回分で「損」をすることがあったとしても、5回分トータルで考えて「益」が出ればよい。1回分が余ってしまい、片道１０００円程度の区間で「消費」したとしても、トータルでおトクに乗れていれば問題ないと考えれば、気が楽になる。

◉夫婦やグループで利用する方法は？

「青春18きっぷ」は複数人でも利用できる。したがって、１枚の「青春18きっぷ」を夫婦や友人とシェアすることができる。

２人利用の場合は、スタンプを２つ、３人利用ならスタンプを３つ、同じ日に押してもらう。５人同時に使うなら、「青春18きっぷ」１枚を１日で使い切ることになる。

複数人で使う場合の鉄則は、「全員同一行動」である。たとえば、２人旅の途中で１人が離脱して別コースをたどる場合、別コースではその「青春18きっぷ」は使えない。別れたところから、きっぷを買い直す必要がある。別行動をする可能性があるのなら、最初から各人が１枚ずつ「青春18きっぷ」を買ったほうがいい。

２人が別々の駅から利用する場合は、少しややこしい。どちらか１人が「青春18きっぷ」の１日分にスタンプを押してもらって列車に乗り、もう１人が待っている駅に行き、改札口の「外」で集合する必要がある。その駅の改札口で、もう１日分のスタンプを押してもらって２人同時に改札内に入り、列車に乗るという手順である。

２人旅で、１人だけ途中で旅を終えて下車する場合は、車掌に事情を説明すれば、「青春18きっぷ」を持たない人が改札口を通るための証明書を発行してもらえる。ただ、これはルール上の話で、現実には、大都市を走る列車で車掌に証明書を出してもらうのは難しい。

そのため、２人一緒に下車して改札口を抜け、そこで別れるほうがいい。証明書なしで１人だけで降りてしまうと、きっぷを持たない状況で改札口を出ることになるので、トラブルのもとである。

◉安さだけではない「青春18きっぷ」の真の価値とは

「青春18きっぷ」は、その安さばかりに注目が集まりがちだが、筆者が考えるに、最大の価値は価格の安さではない。では、最大の価値は何かというと、**乗り降り自由という仕組み**だ。普通・快速列車という制約の範囲内なら、どこで乗り、どこで降りても自由。この「自由」こそが最大の価値ではないだろうか。

ＪＲのきっぷのルールでは、片道１００㎞以内のきっぷでは途中下車ができない。また、東京をはじめとした大都市近郊区間では、距離にかかわらず途中下車はできない。途中駅で降りて観光し、列車に乗り直すなら、きっぷも買い直すことになる。運賃が気になるなら、１区間ごとに調べておく必要もある。

行き止まりのローカル線に乗れば、終点で折り返しのきっぷを買わなければならない。きっぷを買うには、駅の窓口や券売機に並ばなければならない。無人駅からワンマン列車に乗ったら、車内で小銭や小額紙幣で支払うか、有人駅での精算が必要だ。

交通系ＩＣカードなら、きっぷ購入の必要はないが、そのＩＣカードのエリア内で旅行を完結させなければならない。エリアを出てしまうと、あとで精算手続きが必要になる。

こうしたさまざまな制約や手間が、「青春18きっぷ」には存在しない。「青春18きっぷ」を１枚買ってしまえば、ＪＲ線の普通・快速列車に乗っている限り、精算手続きも、きっぷの買い直しも、ＩＣカードのエリアの境界も考えないで済む。改札口も出入り自由だし、１日２４１０円という均一価格で、交通費を細かく計算する必要もない。

自由かつシンプルであること。これこそが、筆者の考える「青春18きっぷ」の最大の価値である。

●「青春18きっぷ」にはデメリットもある

「青春18きっぷ」には、デメリットもある。利用するにあたって絶対に頭に入れておきたいことは、**列車が運休したり遅延したりした場合、基本的に救済を受けられない**、ということだ。

たとえば、ゲリラ豪雨で列車が立ち往生して、当日中に目的地に着けなくなったとしても、

「青春18きっぷ」利用者に対し、ＪＲは何の補償もしてくれない。大雪で在来線が運休して新幹線だけが動いていたとしても、新幹線への振替乗車は認めてくれない。車両故障など、ＪＲの責任で運休したとしても同じである。つまり、「青春18きっぷ」は列車運行上のトラブルにきわめて弱いのだ。

「青春18きっぷ」には、出発地も目的地も定められていない。つまり、ＪＲは利用者に対し、特定の目的地まで運ぶことを約束していない。したがって、列車の運休が生じても、ＪＲは「青春18きっぷ」の利用者が主張する目的地まで運ぶ義務はない。

要するに、「青春18きっぷ」の「トラブル対応なし」というデメリットは、「自由」というメリットの裏返しなのである。そう考えると、列車の運休で思うような旅ができなかったとしても納得できるだろう。

ただし、災害による不通が発生した場合に運行される**代行バスには、原則として「青春18きっぷ」でも乗れる**。代行バスは列車の代わり、という考え方からである。

といっても、特急列車の代行バスには「青春18きっぷ」で乗れないこともある。普通列車の代行バスには乗れるが、特急列車の代行バスには乗れないという扱いである。

「青春18きっぷ」を実際に使ってみよう

◉「時刻表での下調べ」が快適な旅の第一歩

「青春18きっぷ」の基本ルールは、前項までおおむね網羅《もうら》した。ここまで読んでいただければ、「青春18きっぷ」をとりあえず使うことはできるだろう。もっと細かいルールもあるが、多くの旅行者にはあまり関係ないので、後回しでよい。

「青春18きっぷ」の細かいルールより重要なのは、**時刻表を使った下調べ**である。大都市圏を離れると、列車が1～2時間来ないなんてことはざらにある。2時間ごとならまだいいほうで、1日2～3本しか普通列車が走っていない区間すらある。何の下調べもなく列車に乗って、こうした区間に行き着いてしまうと身動きが取れなくなる。

そんな状況を避けるために、「青春18きっぷ」で旅をする場合、事前に時刻表を確認しておく必要がある。

大都市近郊への日帰り旅行なら、スマホの乗り換え案内で事《こと》足《た》りる。ただし、乗り継ぎを検索するだけでなく、利用予定の駅別時刻表も見て、普通列車がどのくらいの頻度《ひんど》で出ているかは確認しておきたい。毎時2本以上出ているなら、つぎの列車の時刻をあまり気にせずに気ままな旅ができる。1～2時間に1本くらいしか運転していない場合は、事前に予定をある程度固めておいたほうがいい。

遠出をするなら、**時刻表できちんと調べて、列車をどう乗り継ぐか、全体の旅程を決めておく**。そして、書店で売っている最新の時刻表を購入して持参しよう。遠距離での乗り継ぎを調べるには、紙の時刻表のほうがわかりやすいからだ。観光列車に乗るのなら、運行系統が一般列車と異なるので、紙の時刻表での確認がなお重要になる。運転日も紙の時刻表のほうが調べやすい。

紙の時刻表には、いくつか種類がある。標準的なのは大判時刻表だ。ＪＴＢが『ＪＴＢ時刻表』、交通新聞社が『ＪＲ時刻表』という名称で販売している。大判時刻表は重くてかさばるので、交通新聞社の『コンパス時刻表』でもよい。全駅全列車掲載でありながら、コンパクトで持ち運びしやすい。

年4回刊行の『ＪＴＢ小さな時刻表』も悪くない。内容は大判時刻表そのままで、縮小して印刷している。文字がとても小さいので、中高年には見づらいのが難点。併せてルーペを持って行くといいだろう。

◉「どこで食事するか」を考えておく

旅の楽しみは食事である。「青春18きっぷ」を使っていると、普通列車に乗りっぱなしになりがちだが、車内では何も買えない。したがって、食料をどこで確保し、食事をどこでとるかは事前に決めておいたほうがいい。列車の始発・終着になるようなターミナル駅の、エキナカや駅近くの店舗で食事をするのが便利だ。

ローカル線に乗るさいは、さらなる注意が必要である。**駅前に何もないことがある**からだ。コンビニエンスストアで弁当でも買おう、と探してみても、コンビニどころかお店ひとつ見つからないことがある。ひもじい旅を避けたければ、ローカル線に乗るときは早めにどこかでおにぎりでも買っておくことである。

鉄道旅行の食事といえば駅弁！　と考える人も多い。ただし、駅弁を買ったところで、普通列車の一般車両では食べにくい。最近は大都市近郊でもローカル線でもロングシートの座席が多いので、車内が空《す》いていても周囲の目線が気になるものだ。したがって、「青春18きっぷ」の旅と駅弁との相性は、かならずしも良くはない。

ローカル線でクロスシートの車両が空いていれば、駅弁を食べるのに支障はない。観光列車なら、だいたい座席にテーブルが付いていて、車内で特製弁当を売っていることも多い。事前に駅弁を購入しておくのもいいだろう。

どの駅でどんな駅弁を売っているかは、市販の時刻表に掲載されているし、インターネットでも調べられる。新幹線が発着するようなターミナル駅ならば、豊富な選択肢から好きなものを選べるだろう。ただし、**駅弁を扱っている駅でも常時販売しているとは限らない**。たいていの駅では、新幹線や特急が運行している時間帯のみの販売である。特急の運行が終了したら店が閉まることは珍しくない。最近は売り上げの管理が厳しくなり、売れ残りを避けるために、大きな駅でも夕方になると駅弁が売り切れていることが多い。

なお、時刻表に「駅弁」のマークが付いている駅では、製造元を調べて事前に電話しておけば、到着時間に用意してくれることもある。製造元はたいてい駅の近くにあるので、そこまで取りに行くか、駅の売店が開いていれば届けてくれることもある。

業者によっては、列車の時間に合わせてホームまで届けてくれるので、停車時間の短い駅でお目当ての駅弁があるときは問い合わせてみるといいだろう。

◉ローカル線と観光列車のトイレ事情は?

食べる心配もあれば、出す心配もある。トイレについては、駅で列車に乗る前に済ませておくことが原則である。

とはいえ、近頃のＪＲ車両にはたいていトイレが付いているので、過度に心配する必要はない。トイレがないのは、大都市近郊の路線と一部の地方路線くらいである。たとえ1両編成のローカル線でもトイレが設置されていることが多い。

最近の新型車両の車内トイレはバリアフリーになっているので、個室内は広くて使いやすく、まあまあ清潔である。その点でも、心配の必要はなくなってきている。

ただ、「青春18きっぷ」で利用する列車は原則として自由席なので、席を離れてトイレに行くとなると、座席確保や荷物の心配もある。そのため**とくに長距離を移動する場合、できるだけトイレに近い座席を確保する**といいだろう。観光列車の場合は、たいてい指定席でトイレ付きなので心配はいらない。

◉座席や乗車する車両を選ぶときのポイントは？

普通列車の旅といえども、座れればそれなりに快適で、たいして疲れない。しかし、最近のＪＲは編成両数を減らしており、地方の普通列車でもけっこう混雑する。区間にもよるが、確実に座るためには、遅くとも発車10分前にはホームにいて並んでおく必要がある。

10分前にホームにいるためには、ギリギリの乗り継ぎはなるべく避けたほうがいい。とくに、長時間移動する列車に乗る前は、接続時間を十分にとって良い席に座れるような予定を組むべきだろう。

席を選ぶときは、**日光の位置を計算して、日の当たらない側の席を選ぶ**のがポイント。日が当たらなければ、ブラインドを遠慮なく開けられるので車窓を楽しみやすいし、疲れにくい。曇りの日や雨の日は、日光を気にする必要はないので、事前に地図を見て川や海側の席を選ぼう。そのほうが景色がいい。観光列車で指定席券を購入するときは、景色を優先して席を選ぶとよい。

長距離移動の場合は、列車の先頭や最後尾車両のほうが、乗客の乗り降りが少なくて快適だ。また、トイレもたいてい編成の末端《まったん》にあるので、長く列車に乗るなら近い位置がよい。

「青春18きっぷ」を使った旅のプランニング術

◉「どう乗り継ぐか」より「どこでのんびりするか」が重要

旅のスタイルは人それぞれである。「青春18きっぷの旅はこうあるべし」などというお決まりの旅行術は存在しない。

「青春18きっぷ」は自由なきっぷだから、どういう旅をするかは、本人が好きなように決められる。ひたすら普通列車に乗り続けて格安旅行を追求するのもいいし、ほどほどにして、ゆったりした旅をしてもいい。

最近の列車は空調も効いていて、座ってしまえばそれなりに快適だ。乗り続けようと思えば1日乗り続けることはできる。ただ、乗っているだけでは飽きてくるし、疲れもたまる。「移動」が目的ならそれもいいが、「旅」が目的の場合は、しんどい思いをして何のために乗り続けるのかという話になってしまう。

したがって、「青春18きっぷ」の旅で日程を組むときは、意識して休憩時間を予定に組みこんでおくことが大事である。「どう乗り継ぐか」を検討するとき、「どこで休憩し、列車を1本遅らせるか」も考慮に入れることだ。

長い距離を乗る場合、**3～4時間に1回は改札口を出て、散歩や観光、食事などをする時間を設けたほうがいい**。駅前をちょっと散歩するだけでも旅の印象は変わるものだし、温かい食事をとると元気になる。

休憩時間と決めた駅では、周辺の食事処《どころ》を調べておくといい。列車に乗っているときに、「つぎの下車駅ではあれを食べよう」と心待ちにできるので、先へ進むのが楽しくなる。

◉特急や新幹線を利用すれば、旅の選択肢が広がる

旅のスタイルは人それぞれであるものの、「青春18きっぷ」と観光列車を組み合わせるなら、新幹線や特急も織り交ぜたほうが旅をしやすい。というのも、**すべて「青春18きっぷ」だけで乗り通そうとすると、旅程がどうしても窮屈《きゅうくつ》になり、列車の選択肢が減る**からだ。

たとえば、新潟〜酒田間を結ぶ「海里」という観光列車がある。この列車は新潟駅を午前10時過ぎに出発する。東京から乗りに行くとすれば、当日朝7時台の上越新幹線で間に合う。しかし、「青春18きっぷ」を使うと、前日朝に東京を出て、普通列車を乗り継いで丸一日かけて新潟に着き、宿泊しなければならない。

「青春18きっぷ」で普通列車を乗り継ぐのは楽しい旅であるし、途中下車しながら進んでいけば、1日目も充実するだろう。ただ、時間はかかるし、新潟での宿代も必要だ。当日朝に東京を出れば、新幹線代はかかるものの宿代は不要なので、経済的な負担に大差はない。となると、どちらを選ぶかは好みの話だ。

新幹線が開通して、並行在来線が第三セクターに移管された路線は、そもそも「青春18きっ

ぷ」が利用できない。たとえば、東北新幹線の並行在来線の盛岡～青森間は「IGRいわて銀河鉄道」と「青い森鉄道」という第三セクター会社に移管されている。

　このような区間では「青春18きっぷ」を使えないので、何がなんでも「青春18きっぷ」にこだわるなら、東京方面から青森へ向かうのに秋田まで大きく迂回《うかい》しなければならない。これに対し、新幹線を使えば盛岡～新青森間なんてあっという間だ。

　「青春18きっぷ」で普通列車だけを乗り継ぐこと自体が難しい場合もある。たとえば、「べるもんた」（93ページ）という観光列車が運行されている氷見《ひみ》線や城端《じょうはな》線の起点である高岡駅には、JRのほかの在来線が接続していない。接続しているのは、第三セクターの「あいの風とやま鉄道」線だけである。

　後述する「第三セクター特例」を使えば、高山線から富山を経由して「青春18きっぷ」だけで高岡にたどり着くことはできる。しかし、列車本数が少なく、接続も悪いので、時間がかかる。それならば、北陸新幹線で新高岡駅まで行ってしまったほうがいい、という判断は合理的である。

　在来線の列車本数が極端に少ない区間もある。奥羽線福島～米沢間や、田沢湖線盛岡～大曲《おおまがり》間、日豊線佐伯～延岡《のべおか》間などは、日中の列車本数が少な過ぎて、「青春18きっぷ」で旅をする場合、日程が厳しく制約される。新幹線や特急は頻繁運転しているので、「青春18きっぷ」利用にこだわらず、別料金を払って乗ってしまったほうがよい。

「青春18きっぷ」利用中に、新幹線や特急で先を急ぐことを「ワープ」と表現することがある。「青春18きっぷ」を使うことが目的ではなく、旅を楽しむことが目的なのだから、**特急や新幹線を上手に織り交ぜて「ワープ」すればいい**のである。

本書の2章以降では、「青春18きっぷ」を使った乗り継ぎプランを紹介していくが、原則として普通・快速列車のみを利用する想定としている。列車本数が極端に少ない区間も含むので、乗り継ぎの制約上、休憩時間を挟みこむことが難しく、乗りっぱなしのスケジュールになってしまっている場合もある。

こうした乗り継ぎを見て、「大変そう」と感じたら、自分の体力や予算に合わせて変更すればよい。適宜、新幹線や特急を織り交ぜると、旅がラクになる。

◉高速バスやフェリー、飛行機も組み合わせる

ＪＲでは、普通・快速の夜行列車は走っていない。そのため、「青春18きっぷ」で夜間に移動することはできない。夜間に移動するなら、高速バスかフェリーを活用することになる。

夜行バスは日本各地に路線を張りめぐらせている。1つひとつ紹介するとキリがないが、だいたい**３００〜５００㎞くらいの距離を移動するさいに使いやすい**。東京からは、名古屋、大阪、金沢、新潟、仙台、盛岡あたり、大阪からは、東京、新潟、福岡、松山くらいである。

夜行フェリーとしては、青森〜函館、八戸〜苫小牧、舞鶴〜小樽といった北海道航路や、神戸〜高松といった四国航路、大阪〜門司・大分といった九州航路が使いやすい。最近のフェリーは個室化が進んでいて、低廉《ていれん》な運賃でも快適だ。

長距離を一気に稼ぐには、**飛行機の力を借りるのもよい**。「青春18きっぷ」と相性がいいのは格安航空会社（ＬＣＣ）だろう。ＪＲ線でアクセスできる空港に発着するＬＣＣ路線は、飛行機に乗る前後で「青春18きっぷ」が使えるので無駄がない。

該当する空港としては、新千歳空港、成田空港、関西空港、宮崎空港がある。このほか、ＬＣＣは発着していないが、米子空港にもＪＲ駅がある。

ＪＲ駅が併設されていないものの、鉄道アクセスがしやすい空港も紹介しておこう。仙台空港、羽田空港、中部空港、伊丹空港、神戸空港、福岡空港は、私鉄やモノレールなどの軌道系交通機関がある。

このほか、女満別《めまんべつ》空港はＪＲ石北《せきほく》線西女満別駅から約２㎞で、無雪期なら歩けば25分ほどである。花巻空港は、ＪＲ東北線花巻空港駅から約２・１kmで、こちらも25分ほどで歩ける。意外と知られていないのが山口宇部空港で、ＪＲ宇部線の草江《くさえ》駅から約７５０ｍの近さ。徒歩10分ほどだ。

◉私鉄・第三セクターに乗らないのはもったいない

「青春18きっぷ」で乗り放題になるのは、ＪＲ線だけである。私鉄や第三セクター鉄道（三セク）には原則として乗車できない。**乗車する場合は、別途運賃がかかる。**

だからといって、私鉄や三セク路線に乗らないのはもったいない。とくに地方私鉄や三セクは個性的で面白い。観光列車もバラエティに富んでいて、積極的に乗ってみたくなるものばかりだ。本書でも6章で、私鉄や三セクの観光列車に乗るためのプランを紹介している。

三セクに乗らざるを得ない区間もある。代表例が、ＪＲ東海で名古屋から伊勢市方面に向かう場合。快速「みえ」が便利だが、途中の河原田《かわらだ》～津間は「伊勢鉄道」という第三セクター路線を走る。この三セク区間のみ「青春18きっぷ」の効力外なので、別運賃が必要になる。車内検札があるから、乗車中に車内で車掌に支払えばよい。

ＪＲ四国の予土《よど》線の列車も、三セク区間を経由する。全列車が窪川《くぼかわ》～宇和島間を直通するが、窪川～若井《わかい》の1駅間のみ、「土佐くろしお鉄道」という第三セクター鉄道で、別運賃が必要だ。予土線はトロッコ列車などが走る観光路線であり、別運賃がかかるからといって、土佐くろしお鉄道区間のみ避けるわけにはいかない。

ほかにも、ＪＲ東日本の花輪《はなわ》線で盛岡～大館《おおだて》間を乗り通すとき、盛岡～好摩《こうま》間は第三セクターの「ＩＧＲいわて銀河鉄道」だ。飯山《いいやま》線で長野～飯山間を乗るときも、長野～豊野《とよの》間は第三セクターの「しなの鉄道」である。こうした路線は「青春18きっぷ」の効力外だが、あまり気にせずに別運賃を支払って乗車したほうがスムーズな旅になる。

◉青春18きっぷで乗れる「第三セクター路線の特例」とは

第三セクター鉄道路線でも、例外的に「青春18きっぷ」で乗れる場合がある。整備新幹線の開通により、ＪＲから三セクに移管された並行在来線の一部区間だ。

これを**「第三セクター路線の特例」**と呼ぶ。適用される区間は以下の通りである。

・青い森鉄道の青森～八戸間

青森～野辺地《のへじ》～八戸を通過利用する場合のみ。青森、野辺地、八戸で途中下車できる。

・あいの風とやま鉄道の富山〜高岡間

高山線から城端線または氷見線へ乗り継ぐ場合、またはその逆で、富山〜高岡を通過利用する場合のみ。富山、高岡で途中下車できる。

・IRいしかわ鉄道の金沢〜津幡《つばた》間

北陸線から七尾《ななお》線へ乗り継ぐ場合、またはその逆で、金沢〜津幡を通過利用する場合のみ。金沢、津幡で途中下車できる。

「青春18きっぷ」で乗れる第三セクター路線はこの3区間だけで、しかも「通過利用」に限られている。あいの風とやま鉄道と、IRいしかわ鉄道の通過利用については、102ページのコラムでくわしく説明したい。

このほか、道南いさりび鉄道の木古内〜五稜郭間では、別売の「青春18きっぷ北海道新幹線オプション券」を購入すれば乗車できる。これについては81ページのコラムで説明する。

◉無料で特急に乗車できる区間もある

「青春18きっぷ」では特急に乗ることができない。これは前述した通りの大原則だが、一部に特例区間がある。以下の4区間では、「青春18きっぷ」だけで特急に乗車できる。特急料金は不要だ。

・石勝《せきしょう》線……新夕張～新得《しんとく》間
・奥羽線……新青森～青森間
・佐世保線……早岐《はいき》～佐世保間
・日豊線・宮崎空港線……宮崎～宮崎空港間

なぜ、これら4区間だけ特急に乗れるのか。それには理由がある。

まず、石勝線の新夕張～新得間は、普通列車が運転していないためである。普通列車が走っていないので、「青春18きっぷ」で特急自由席に乗車できる特例が設けられた。

奥羽線の新青森～青森間、佐世保線の早岐～佐世保間、日豊線・宮崎空港線の宮崎～宮崎空港間は、普通のきっぷ（乗車券）のみで特急自由席に乗車できる特例が存在する。これが、「青春18きっぷ」にも適用される。

これらの区間のうち、石勝線の新夕張～新得間と奥羽線の新青森～青森間については、当該区間相互発着の場合に限られる。前後の区間で特急に継続乗車してきた場合には、特例は適用されず、乗車した全区間の運賃と特急料金を支払わなければならない。

◉1回分の有効期限は、翌日午前0時まで

「青春18きっぷ」1回分の有効期間は1日間である。「1日」とは、基本的には**午前0時から深夜24時（翌日午前0時）までの24時間**である。

午前0時をまたいで走る列車の場合は、0時を過ぎて最初に停まる駅まで有効となる。たとえば、東京23時33分発の小田原行き普通列車は、藤沢に0時1分に到着するので、「青春18きっぷ」1回分は藤沢で有効期限を迎える。その先、辻堂《つじどう》や茅ケ崎《ちがさき》、小田原方面まで乗った場合、下車駅で藤沢からの運賃を精算しなければならない。

特例もある。**電車特定区間では、午前0時を過ぎても終電までは乗れる**というルールになっている。電車特定区間とは、東京と大阪に設定されている、電車が頻繁に運転するエリアだ。

東京の場合は、東海道線が**大船**まで、横須賀線が**久里浜**《くりはま》まで、中央線が**高尾**まで、京浜東北

線・埼京線が**大宮**まで、常磐線が**取手**《とりで》まで、総武線が**千葉**まで、京葉線が**千葉みなと**まで。大阪の場合は、ＪＲ神戸線が**西明石**まで、ＪＲ京都線が**京都**まで、学研都市線が**長尾**まで、大和路線が**奈良**まで、阪和《はんわ》線が**和歌山**までとなっている。ＪＲ宝塚線はなぜか区間外である。この範囲なら、午前０時を過ぎても、終電まで「青春18きっぷ」は有効となる。

たとえば、東京駅23時39分発の小田原行きは、横浜に午前０時６分に着く。午前０時を過ぎているが、大船までは電車特定区間なので、「青春18きっぷ」は大船まで有効である。大船着は０時22分だが、乗り越し運賃なしで下車できる。隣駅の藤沢まで利用した場合は電車特定区間外になるが、大船～藤沢間の乗り越し運賃で済む。

こんな夜中まで「青春18きっぷ」を使うと疲れて大変だが、距離を稼ぎたいときには、ありがたいルールである。

2章

ふらり&のんびり…
日帰り旅のススメ

初めて「青春18きっぷ」を使うなら、まずは手軽に近場の旅をしてみては？賢くプランニングすれば、日帰りで観光列車を楽しめる。見て、食べて…充実の1日を過ごそう。

プラン01
札幌発
日帰り

「富良野・美瑛ノロッコ号」でラベンダーが咲き乱れる大地へ

青春18きっぷ
1回分使用

富良野《ふらの》線は函館線の旭川を起点に、富良野までを結ぶ路線だ。全長54・8㎞と、北海道の路線にしては距離が短いので、日帰りの旅に向いている。大雪山《だいせつざん》系や美瑛《びえい》の丘といった美しい風景を短時間で楽しめるのが魅力だ。

なかでも、ラベンダーが咲き誇る夏季の美しさは抜群。この季節には「富良野・美瑛ノロッコ号」という、眺望《ちょうぼう》を楽しむのにうってつけの列車が走っているので、ぜひ利用したい。

札幌から旭川まで函館線の列車で約3時間。早起きして、**札幌**を5時54分に出る列車で出発すれば、旭川10時発の「富良野・美瑛ノロッコ号1号」に間に合う。ＤＥ15型というディーゼル機関車に、50系客車が3両という編成だ。客車は眺望を楽しめるよう窓が大きく取られていて、座席は木製のベンチシート。開放感あふれる雰囲気が旅を盛り上げてくれる。

旭川を発車して、住宅が途切れがちになり、丘陵地帯にさしかかってきたと思ったら**美瑛**に到着。途中下車して**美瑛の丘**めぐりをしてみよう。体力に自信があるならレンタサイクルがおすすめだが、タクシーで回っても楽しめる。

昼食を済ませ、13時過ぎに出る「3号」で**ラベンダー畑駅**へ。ノロッコ号の運行期間に設置される臨時駅で、**ファーム富田**という有名なラベンダー畑に隣接している。ラベンダーの美しさと香りを堪能《たんのう》したら、「5号」に乗って終点・**富良野**へ向かおう。ドラマ『北の国から』でお

「富良野・美瑛ノロッコ号」ルート

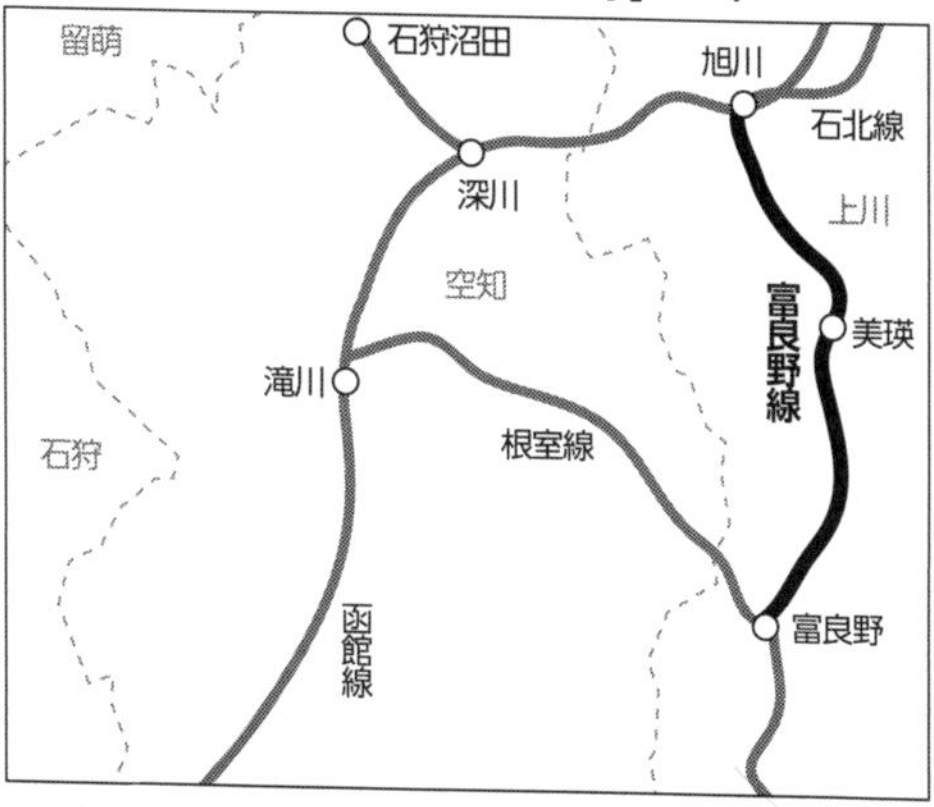

富良野・美瑛ノロッコ号

ファーム富田のラベンダー畑

【富良野・美瑛ノロッコ号】運行日:6月後半〜8月中旬の毎日／区間:旭川・美瑛〜富良野／料金:指定席840円(自由席は料金不要)／予約:乗車1か月前より

なじみの、観光名所が豊富な街だ。

札幌方面の列車まで2時間近くあるので、ワイン好きならタクシーで**「ふらのワイン」**のワイナリーへ行くといい。ワインにあまり興味のない人は、駅から7分ほどの**フラノマルシェ**がおすすめ。地元グルメで早めの夕食を済ませてもよい。普通列車を乗り継げば、**札幌**には22時前に戻れる。

モデルプラン

駅名	発着時刻	路線名・観光スポット
札幌	05:54発	函館線普通
旭川	08:54着	
旭川	10:00発	富良野線「富良野・美瑛ノロッコ1号」(指定席料金840円)
美瑛	10:30着	美瑛の丘めぐり:約2時間半
美瑛	13:08発	富良野線「富良野・美瑛ノロッコ3号」(指定席料金840円)
ラベンダー畑	13:43着	ファーム富田観光:約1時間半
ラベンダー畑	15:34発	「富良野・美瑛ノロッコ5号」(指定席料金840円)
富良野	16:01着	富良野市内観光:約2時間
富良野	17:57発	根室線普通
滝川	18:58着	
滝川	19:36発	函館線普通
岩見沢	20:24着	
岩見沢	21:05発	函館線普通
札幌	21:49着	

「ノロッコ号」には指定席と自由席が連結されていて、「青春18きっぷ」でも指定席券を買えば指定席を利用できる。混雑することも多いので指定席を確保したほうがいいが、乗客が入れ替わる列車なので、自由席に途中乗車しても着席チャンスはある。

プラン02
仙台発
日帰り

「快速湯けむり号」でみちのくの名湯・鳴子温泉へ

青春18きっぷ
1回分使用

「青春18きっぷ」を使った手軽な旅行として人気なのが、温泉の旅。陸羽東《りくうとう》線は「奥の細道湯けむりライン」という愛称もあり、湯めぐりにもってこいの路線だ。仙台から片道2時間程度なので、日帰り旅行にちょうどいい。

快速湯けむり号

往復には「快速湯けむり号」という観光列車を使おう。仙台〜新庄間を結び、途中、**川渡《かわたび》温泉**、**鳴子《なるこ》御殿湯**、**鳴子温泉**、**中山平《なかやまだいら》温泉**、**赤倉温泉**、**瀬見《せみ》温泉**といった、温泉にちなんだ駅名の各駅に停まっていく。キハ110系という、JR東日本最初期に投入された気動車の2両編成で運転しており、全車指定席。「青春18きっぷ」に指定席券をプラスすれば、仙台から温泉エリアへ乗り換えなしで快適な旅行ができるというわけだ。

仙台を午前9時37分に出発。東北本線を**小牛田《こごた》**まで走り、陸羽東線に入る。このあたりの車窓は、気持ちがいいくらい広々とした田園地帯だ。徐々に山が左右に近づいてくると、いよいよ温泉エリア。どの駅で降りて、どの温泉を楽しむかはお好みだが、おすすめは「奥州三名泉」にも挙げられている**鳴子温泉**だ。

駅から徒歩圏内に温泉街が広がっていて、鉄道旅行者が訪れやすい温泉郷として人気がある。日本にある11種類の旧泉質分類のうち8種類が湧《わ》き出ていて、さまざまなお湯を味わえるのが楽しみ。駅の観光案内所で「湯めぐりチケット」を購入すれば、ホテルや旅館のお風呂に入浴

「快速湯けむり号」ルート

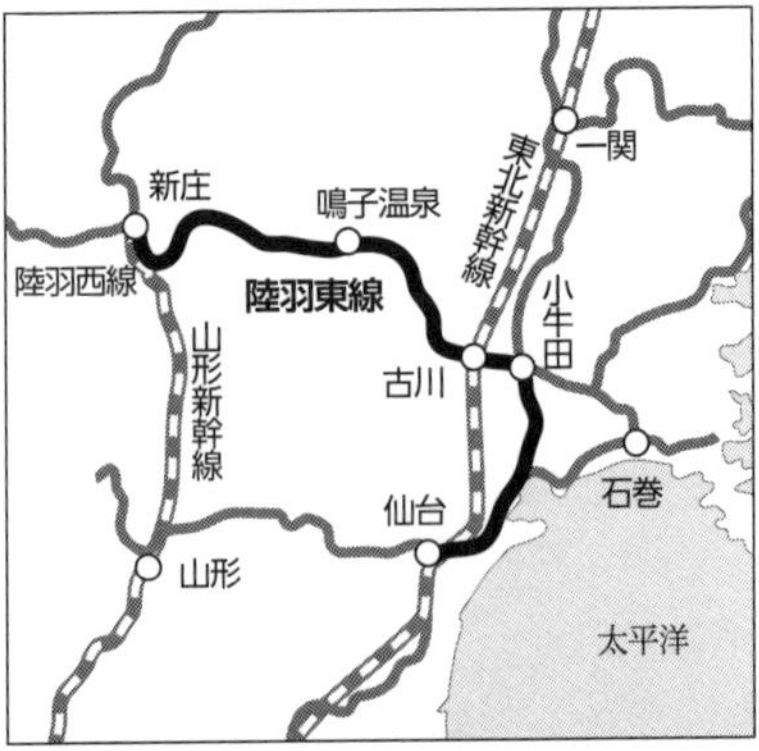

鳴子御殿湯駅

鳴子温泉駅の「駅長こけし」

【快速湯けむり号】運行日：土休日など／区間：仙台〜新庄／料金：指定席530円（全車指定席）／予約：乗車1か月前より

できる。共同浴場としては、温泉街の中心にある**「滝の湯」**にも入っておきたい。鳴子温泉神社の御神湯で、源泉掛け流しの湯が身体《からだ》にしみる。

往復とも「快速湯けむり」を利用するなら、鳴子温泉には4時間半くらい滞在できるので、数か所のお湯をゆっくり味わえるだろう。こけしやレトロな玩具《がんぐ》を販売している店もあり、ショッピングを楽しむのもよい。

モデルプラン

駅名	発着時刻	路線名・観光スポット
仙台	09:37発	東北・陸羽東線「快速湯けむり号」（指定席料金530円）
鳴子温泉	11:30着	鳴子温泉湯めぐり：約4時間半
鳴子温泉	16:03発	東北・陸羽東線「快速湯けむり号」（指定席料金530円）
仙台	17:40着	

間けつ泉「おにこうべ」

鳴子峡は美しい紅葉でも名高い

プラン03
東京発
日帰り

「ハイレール1375」で八ヶ岳高原の絶景を堪能！

青春18きっぷ
1回分使用

高原鉄道として知られるのが小海線《こうみ》。小淵沢《こぶちざわ》～小諸《こもろ》間78・9㎞を結び、「八ヶ岳《やつがたけ》高原線」の愛称が付けられている。その名の通り、雄大な八ヶ岳連峰の裾野《すその》を走り、途中、標高１３７５ｍのＪＲ最高所を越える。

小海線を楽しむのにもってこいの観光列車が「HIGH RAIL 1375」（ハイレール１３７５）だ。小淵沢～小諸間の小海線全線を踏破《とうは》する。コンセプトは「天空に一番近い列車」。車両はキハ１００系とキハ１１０系という気動車を改造した２両編成で、夜空や八ヶ岳をモチーフにしたデザインが目を引く。

1号車には、窓側を向いたシングルシートとペアシートに、ファミリーで使いやすいボックスシートを備えている。2号車はオーソドックスなリクライニングシートだ。どの席も窓を見やすいように配置されているが、景色をより楽しみたいならシングルシートかペアシートを選ぼう。小海線の車窓は左右で甲乙《こうおつ》をつけがたいから、どちら側の座席でも景色を楽しめる。

1日1往復半が運転されているが、おすすめは午前中の空気の澄んだ時間帯を走る「1号」だ。**東京**を6時台に出れば、**小淵沢**に10時20分に到着。10時40分発の「1号」に間に合う。

小淵沢を出発すると、まもなくぐいぐいと勾配を上る。清里《きよさと》の先の**「JR鉄道最高地点」**を過ぎたあたりで一気に視界が開け、高原の風景が広がる。その先の**野辺山**《のべやま》は、標高1345mの日本最高所の駅だ。11分の停車時間があり、ホームに降りて写真撮影ができる。

車内には物販カウンターがあり、4日前までに予約しておけば特製弁当が購入できる。「1

HIGH RAIIL1375

車窓からは八ヶ岳連峰が望める

日本一標高が高い野辺山駅

【HIGH RAIL 1375】運行日：土休日、夏休みの一部の平日など／区間：小淵沢～小諸／料金：指定席840円（全車指定席）／予約：乗車1か月前より号」で供されるのは**「高原ブランチ」**で、野辺山の出発後に食べるとちょうどいい。朝早くから列車を乗り継いできているので、おいしさもひとしおだ。

高原列車で景色を楽しむこと約2時間。**小諸**には12時56分に到着する。島崎藤村や白鳥映雪《しらとりえいせつ》らに愛された城下町で、北国《ほっこく》街道の宿場町としても栄えた。駅近くには**懐古園**《かいこえん》などの名所があるので足を延ばしてみたい。

モデルプラン

駅名	発着時刻	路線名・観光スポット
東京	06:20発	中央線快速
高尾	07:31着	
高尾	07:39発	中央線普通
小淵沢	10:20着	
小淵沢	10:40発	小海線「HIGH RAIL 1375」(指定席料金840円)
小諸	12:56着	小諸市内観光:約2時間半
小諸	15:37発	しなの鉄道普通(運賃500円)
軽井沢	16:02着	
軽井沢	16:30発	JRバス(運賃520円)
横川	17:04着	
横川	17:21発	信越線普通
高崎	17:53着	
高崎	18:34発	高崎線快速「アーバン」
上野	20:06着	

小諸からは、第三セクターの「しなの鉄道」に別運賃を支払って軽井沢に向かう。

さらにバスで**碓氷峠**《うすいとうげ》を越えて**横川**に出れば、JR信越線があるので、ふたたび「青春18きっぷ」の旅となる。そのまま東京に戻れば20時頃で、充実した日帰り旅行が完結する。途中で疲れたら、軽井沢や高崎から新幹線で帰京してもいいだろう。

プラン04
東京発
日帰り

「SL／ELぐんま よこかわ」でかつての碓氷峠越えを偲ぶ

青春18きっぷ
1回分使用

蒸気機関車（SL）が牽引《けんいん》する列車も「青春18きっぷ」の旅で人気だ。首都圏から手近なところでは「SLぐんま」がおすすめ。信越線の高崎〜横川間と上越線の高崎〜水上《みなかみ》間で運行している。牽引機はD51またはC61。D51の動態保存機は全国で2機のみ、C61は全国でこの1機のみと貴重な存在だ。

SLぐんま よこかわ

　信越線方面への運行方式はやや特殊で、横川方の先頭に電気機関車（EL）を付け、高崎方の先頭にSLを付ける。このため、SLが先頭で走るのは横川発高崎行きだけで、高崎発横川行きは「EL」として運転する。終点の横川に転車台や機回し線（機関車を回送させるための側線）がないので、逆方向に付け替えることができないためだ。おかげで、往復乗車すればELとSLを同時に楽しめる。

ELぐんま よこかわ

客車は、旧型客車の場合と12系客車の場合がある。旧型客車の場合の列車名が「ＳＬ／ＥＬレトロぐんま横川」で、12系客車の場合は「ＳＬ／ＥＬぐんま よこかわ」となる。まずは、レア感が高い「レトロ」を狙おう。

東京駅を7時18分に出る高崎線普通列車で出発すると、約2時間で**高崎**に着く。乗り換えて、レトロ旧型客車へ。車内は昔ながらの木目調デザインで、クロスシート座席が配されている。旧型客車はＪＲ全体で10両あまりしか現存しておらず、とても貴重な存在だ。

左窓に**妙義《みょうぎ》山《さん》**を眺め、中山道に沿って約１時間走ると**横川**到着。かつての信越線は、この先、軽井沢方面へ延びていたが、１９９７年の長野新幹線（当時）の開業にともない横川～軽井沢間は廃止されてしまった。かわりに機関区跡にできたのが**「碓氷峠鉄道文化むら」**で、信越線で活躍した機関車や電車が保存されている。ここにも本物のＳＬがあり、「あぷとくん」という遊覧列車を牽引しているので乗ってみたい。イギリス・ウィルソン社製の「グリーンリーブス号」という。

【ＳＬ／ＥＬレトロぐんま横川】運行日:金土休日の一部／区間:高崎～横川／料金:指定席530円／予約:乗車1か月前より

鉄道文化むらを3時間ほど楽しんで、横川から高崎への帰路がいよいよ「ＳＬぐんま よこかわ」乗車となる。横川からの緩《ゆる》やかな下り坂をＳＬ特有のリズムで味わって、高崎到着が15時18分。このまま帰京してもいいが、せっかくなので**磯部《いそべ》温泉**で煤《すす》を落として帰るのも一興だ。信越線の普通列車で横川方面へ戻り、磯部駅で降りれば、駅から5分ほどの距離に**「恵みの湯」**という日帰り温泉施設がある。

モデルプラン

駅名	発着時刻	路線名・観光スポット
東京	07:18発	高崎線普通
高崎	09:17着	
高崎	09:47発	信越線「ELレトロぐんま横川」（指定席料金530円）
横川	10:49着	碓氷峠鉄道文化むら観光：約3時間
横川	14:15発	信越線「SLぐんま よこかわ」（指定席料金530円）
高崎	15:18着	
高崎	15:52発	信越線普通
磯部	16:11着	「恵みの湯」入浴：約1時間
磯部	17:34発	信越線普通
高崎	17:53着	
高崎	17:59発	高崎線普通
東京	20:00着	

「碓氷峠鉄道文化むら」に
保存された189系あさま号

プラン05
東京発
日帰り

「B.B.BASE」で春風そよぐ房総をサイクリング

青春18きっぷ
1回分使用

東京23区内から「青春18きっぷ」で乗車できる貴重な観光列車が「Ｂ.Ｂ.ＢＡＳＥ」。正式名称は「BOSO BICYCLE BASE」（房総バイシクルベース）という。その名の通り、自転車で房総半島を楽しむための「サイクルトレイン」だ。

車両は２０３系という通勤電車を改造し、自転車を積みこめるようにしたもの。自転車を持っていない人でも、起点となる両国駅でスポーツバイクを借りられるので、体験サイクリングができる。

「Ｂ.Ｂ.ＢＡＳＥ」が運行されるのは春と秋の土休日が中心で、春季は「青春18きっぷ」の発売期間と重なる。運行路線は日によって変わり、内房《うちぼう》線、外房《そとぼう》線、総武線、鹿島線といった房総半島の各線が目的地。どこへ行くかはお好みで選べばいいが、サイクリング初心者におすすめなのは内房線の**館山**《たてやま》だ。南房総エリアはサイクリングコースが豊富で走りやすい。

両国を7時51分に出発し、途中、本千葉《ほんちば》に停車するだけで、館山に10時12分に着く。ＪＲの普通・快速列車で都内から南房総への直通列車はないので、乗り換えなしで行けるのはありがたい。車内はボックスシートで、しっかりとした座り心地《ごこち》のいい座席だ。4号車は広々としたフリースペースで、利用者同士の交流の場になっている。内房線は上総湊《かずさみなと》を過ぎたあたりから海沿いを走り、晴れていれば対岸に**三浦半島**を望める。

帰路の館山出発は17時9分なので、滞在時間は約7時間ある。ショートコースの**洲埼《すのさき》灯台**までなら沖の島付近を経由して往復30㎞程度で、起伏も少ない。春風にあたりながらサイクリン

「B.B.BASE内房」ルート

B. B. BASE

全座席にサイクルラックが設けられている

【BOSO BICYCLE BASE】運行日：春秋の土休日／区間：両国～館山（B.B.BASE内房）など／料金：指定席840円（全車指定席）／予約：乗車1か月前より

グを楽しみ、東京湾の入り口に建つ灯台で太平洋の眺望を満喫しよう。市内に戻ってからは、**館山城**を観光し、**南総城山温泉**（日帰り温泉）に立ち寄って汗を流すといいだろう。

サイクリングに興味がないなら、自転車を借りずに乗車してもよい。「青春18きっぷ」で南房総へ向かうだけでも便利な列車だ。館山市内を散策したあと、一般列車を利用して外房線経由で房総半島をぐるり一周すれば、日帰りの鉄道旅行として十分楽しめる。

モデルプラン

駅名	発着時刻	路線名・観光スポット
両国	07:51発	総武・内房線 「B.B.BASE内房」 （指定席料金840円）
館山	10:12着	サイクリング、市内観光、 食事：約7時間
館山	17:09発	内房・総武線 「B.B.BASE内房」 （指定席料金840円）
両国	19:38着	

春のJR館山駅

南房総の先端にある洲崎灯台

プラン06
東京発
日帰り

「リゾート21」で相模灘の眺望と伊東の湯めぐりを楽しむ

青春18きっぷ
1回分使用

東京から「青春18きっぷ」で温泉に行くなら、伊豆半島は候補の筆頭だろう。東海岸にはJR伊東線（熱海〜伊東）と伊豆急行線（伊東〜伊豆急下田）があり、沿線は温泉の宝庫だ。東京から片道2、3時間なので、「青春18きっぷ」で日帰りするのにちょうどいい距離である。

リゾート21「キンメ電車」

伊東線・伊豆急行線には「リゾート21」という観光列車が走っている。伊豆急行が所有する車両で、運転区間は熱海〜伊豆急下田間。熱海〜伊東間はJR伊東線なので、「青春18きっぷ」で乗車できる。

「リゾート21」には「黒船電車」と「キンメ電車」という2種類の編成があり、「A行路」と「B行路」の2つのスケジュールで運転している。運用は時期により変わるので、事前に伊豆急行のウェブサイトで確認しておくこと。往復で違う行路を利用すれば、異なる「リゾート21」に乗車できる。基本的に毎日運行なので、平日も乗車可能だ。

始発の**熱海**までは、東京から東海道線で約2時間。グリーン車が連結されているので、利用すると快適な旅となる。熱海駅の1番ホームに見慣れない豪華列車が停まっていたら、それが

車窓からは相模灘の絶景が楽しめる

全国有数の湯量を誇る伊東の温泉街

七福神にちなんだ共同湯のひとつ「芝の湯」

【リゾート21】運行日：毎日／区間：熱海〜伊豆急下田／料金：不要（全車自由席）／予約：不要

「リゾート21」だ。一見、特急列車と勘違いしてしまいそうだが、料金不要の普通列車として利用できる。

車内は、海側が窓に向かい合ったロングシート、山側がボックスシートになっている。人気があるのは、海の景色を楽しみやすいロングシート。全席自由席なので、少し早めに行って乗車口に並ぶべし。

モデルプラン

駅名	発着時刻	路線名・観光スポット
東京	10:03発	東海道線普通
熱海	11:57着	
熱海	12:24発	伊東線「リゾート21」
伊東	12:47着	伊東温泉湯めぐり :約3時間半
伊東	16:22発	伊東線「リゾート21」
熱海	16:49着	
熱海	17:07発	東海道線普通
東京	18:45着	

熱海から20分ほどで**伊東**に着く。物足りない人は、そのまま別運賃を払って伊豆急行線内まで乗ってもいいが、このプランでは伊東で下車することにしよう。

伊東温泉は豊富な湯量で知られていて、別府、湯布院（ともに大分県）と並ぶ「日本三大温泉」と称される。市街地には**「伊東七福神の湯」**という共同湯が複数あるので、めぐってみよう。

各湯には、七福神の石像が一体ずつ祀《まつ》ってある。七福神の安置されている寺社も7つあるので、湯めぐりと神社めぐりをすれば、身も心もリフレッシュできそうだ。

プラン07
大阪発
日帰り

「うみやまむすび」を狙って〝天空の城〟と城崎温泉を訪ねる

青春18きっぷ
1回分使用

北近畿は、大阪から日帰りで「青春18きっぷ」の旅をするのに適したエリアである。見どころ豊富で、なかでも「天空の城」として知られる**竹田城**と名湯・**城崎《きのさき》温泉**は、鉄道でのアクセスがしやすい。城を探訪して温泉で汗を流し、ついでに海産物を味わって帰るのは、定番の「青春18ルート」だ。

このエリアを走る観光列車が「うみやまむすび」である。JR西日本が北近畿の山陰線と播《ばん》但《たん》線で運行している。「しあわせなご縁をむすぶ」がコンセプトで、「宝箱」をイメージしたデザインが斬新だ。車両はキハ40系という古い気動車をリニューアルしたもので、車内は窓側を向いた3人掛けのカウンター席と、2人掛けのクロスシートになっている。車両中央には沿線の特産品を展示するスペースもある。

運行区間は城崎温泉を中心に、西は浜坂、南は寺前まで。定期運転の普通列車の一般車両として使われており、いつ、どの列車で運用されるかは日によって変わる。乗れたらラッキーという点でも、「お宝」列車なのである。狙って乗れるわけではないので、「青春18きっぷ」でこのエリアを旅するスケジュールを組んで幸運を待つ、というスタンスがいいだろう。

大阪を6時に出発。**姫路**で播但線に乗り換え、**寺前**に。ここから「うみやまむすび」運行エリアに入り、9時10分に**竹田**に着く。**竹田城**は山上にあるので、往復にバスを使うとラクだが、健脚なら登山道を歩くと気持ちがいい。

うみやまむすび

竹田城は「日本のマチュピチュ」とも評されている

開湯1300年の歴史を持つ城崎温泉

【うみやまむすび】運行日：普通列車として運用（運用列車は日によって異なる）／区間：寺前～城崎温泉～浜坂／料金：不要（全車自由席）／予約：不要

天空の山城《やまじろ》は、登り詰めるとじつに爽快だ。現存する遺構は安土桃山時代のもので、穴太積みと呼ばれる石垣が見事である。

景色と歴史を堪能したら、播但線と山陰線を乗り継いで**城崎温泉**へ。外湯1日券「ゆめぱ」を購入すれば、7つの外湯に入り放題となる。観光客が入りやすい食事処も多いので、**かに料理**や**但馬《たじま》牛**といったグルメを堪能できる。

モデルプラン

駅名	発着時刻	路線名・観光スポット
大阪	06:00発	東海道・山陽線快速
姫路	07:30着	
姫路	07:33発	播但線普通
寺前	08:21着	
寺前	08:28発	播但線普通
竹田	09:10着	
竹田	10:05発	天空バス(運賃210円)
竹田城	10:25着	竹田城散策:約2時間半
竹田城	12:50発	天空バス(運賃210円)
竹田	13:05着	
竹田	13:34発	播但線普通
和田山	13:40着	
和田山	13:51発	山陰線普通
城崎温泉	14:35着	城崎温泉外湯めぐり、食事:約2時間半
城崎温泉	17:02発	山陰線普通
豊岡	17:15着	
豊岡	17:33発	山陰線普通
福知山	18:46着	
福知山	19:31発	福知山線普通
篠山口	20:36着	
篠山口	20:45発	福知山線丹波路快速
大阪	21:53着	

城崎温泉を17時過ぎ発の列車で出れば、22時前には大阪に戻れる。この旅程で、「うみやまむすび」に乗れるチャンスは4回。乗ればいうことないが、乗れなくても充実した1日を過ごせるだろう。

プラン08
大阪発
日帰り

「さくびさくら」で西の小京都・津山を訪ねる

青春18きっぷ
1回分使用

津山線は、岡山と津山を結ぶ58・７㎞の路線である。蛇行する川の流れと里山の風景が楽しめる、ノスタルジックなローカル線だ。２０２２年に、新たな観光列車「ＳＡＫＵ美ＳＡＫＵ楽（さくびさくら）」が運行を開始した。

津山地方の旧国名「美作《みまさか》」にかけて、「身体《からだ》も心もあたたかく、美しきを作る旅へ」がコンセプト。キハ40系気動車を改造した淡いピンク色の車体が目新しい。土休日に１〜２往復する。

大阪を朝８時ちょうどに出発す

SAKU美 SAKU楽

津山線は蛇行する旭川に沿って走る

る新快速に乗れば、**岡山**を10時50分に出る「さくびさくら2号」に間に合う。車内は中央がボックスシート、車端部がロングシートの構成で、各座席にはテーブルが用意されている。

「さくびさくら」のお楽しみは、地域グルメを楽しめる車内サービスだ。特製弁当やスイーツ、飲み物などが車内で提供される。内容は列車によって異なり、「2号」は**「岡山のスイーツセット」**か**「岡山美作かえし寿司」**。7日前までに予約が必要なので、お忘れなきよう。

「さくびさくら」ルート

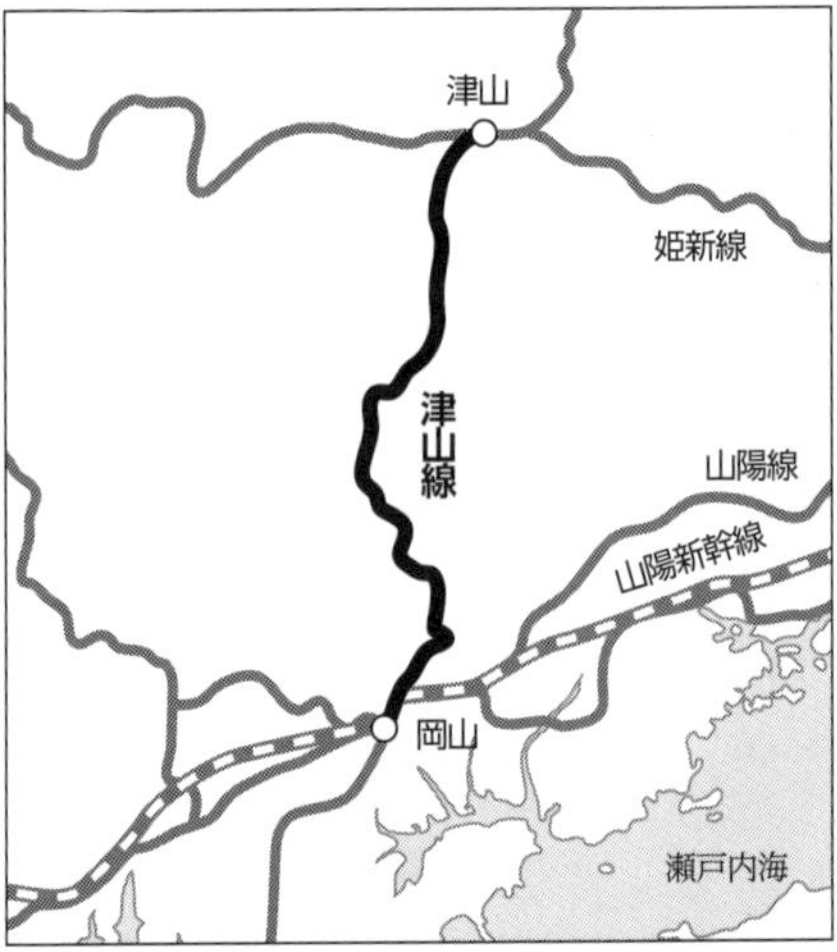

津山まなびの鉄道館

桜の名所としても親しまれる津山城

【SAKU美SAKU楽（さくびさくら）】運行日：土休日／区間：岡山〜津山／料金：指定席530円（全車指定席）／予約：乗車1か月前より

津山線はほぼ全線で川沿いを走る。平地に広がる田園と、その奥にある里山には、不思議な懐かしさが感じられる。**岡山**から約1時間半で**津山**到着。まずは**「津山まなびの鉄道館」**を訪れたい。旧津山扇形機関車庫を活用して博物館にしたものだ。この機関車庫は、京都鉄道博物館にある「梅小路《うめこうじ》蒸気機関車庫」に次ぐ、日本で2番目の規模として知られる。日本に1台しかない「DE50－1」など、貴重な機関車や車両も保存されている。

モデルプラン

駅名	発着時刻	路線名・観光スポット
大阪	08:00発	東海道・山陽線新快速
相生	09:29着	
相生	09:32発	山陽線普通
岡山	10:38着	
岡山	10:50発	津山線「さくびさくら2号」（指定席料金530円）
津山	12:28着	津山まなびの鉄道館、津山城観光：約4時間
津山	16:27発	姫新線普通
佐用	17:27着	
佐用	17:34発	姫新線普通
播磨新宮	18:03着	
播磨新宮	18:11発	姫新線普通
姫路	18:42着	
姫路	18:56発	山陽・東海道線新快速
大阪	19:58着	

津山城跡も見逃せない。松平家10万石の居城で、地上45mの壮大な石垣に圧倒される。当時の天守閣などは残っていないが、**備中《びっちゅう》櫓《やぐら》**が築城400年事業として復元され、2005年から公開されている。

津山15時54分発の快速「ことぶき」に乗り、岡山経由で帰ってもいいが、同じルートを折り返すのもつまらないので、姫新《きしん》線を経由しよう。姫路に出て、新快速で大阪に向かえば、20時頃に大阪に到着する。

プラン09

博多発

日帰り

九州唯一の現役蒸気機関車が牽《ひ》く「SL人吉」との別れを惜しむ

青春18きっぷ

1回分使用

ＪＲ肥薩線の八代《やつしろ》～吉松間は２０２０年7月の熊本豪雨で被災し、復旧していない。この区間を走っていた「ＳＬ人吉《ひとよし》」は母線を失い、いまは**鹿児島本線の鳥栖《とす》～熊本間**を中心に運行している。

ところがＪＲ九州は２０２４年3月に、その運行を終了すると発表した。牽引する機関車の部品が手に入らなくなり、整備のための技術者も確保できなくなったからという。九州唯一の現役蒸気機関車が姿を消すわけで、運行終了前にぜひ乗っておきたい。

「ＳＬ人吉」は熊本を拠点としていて、熊本発はＳＬが先頭で牽引し、最後部に補機としてディーゼル機関車（ＤＬ）が付く。いっぽう、鳥栖発熊本行きは、ＤＬが牽引し、ＳＬは最後部に連結するかたちだ。したがって、蒸気機関車が牽引する「ＳＬ人吉」を味わいたいなら、熊本発の一択となる。

博多を7時51分に出発すると、乗り継いで**熊本**に10時11分に到着する。「ＳＬ人吉」は10時58

分発。客車は50系の3両編成で、内装はレトロモダン。ボックスシートは布貼りや革貼りで優雅な雰囲気が漂う。

1号車と3号車に展望ラウンジを備え、2号車にはビュッフェもある。蒸気機関車の黄金時代にタイムスリップしたような気分になれるインテリアだ。デザインは、おなじみ水戸岡鋭治氏である。

牽引機は大正生まれの8620形、通称「ハチロク」だ。国産最初期の蒸気機関車で、現役

「SL人吉」ルート

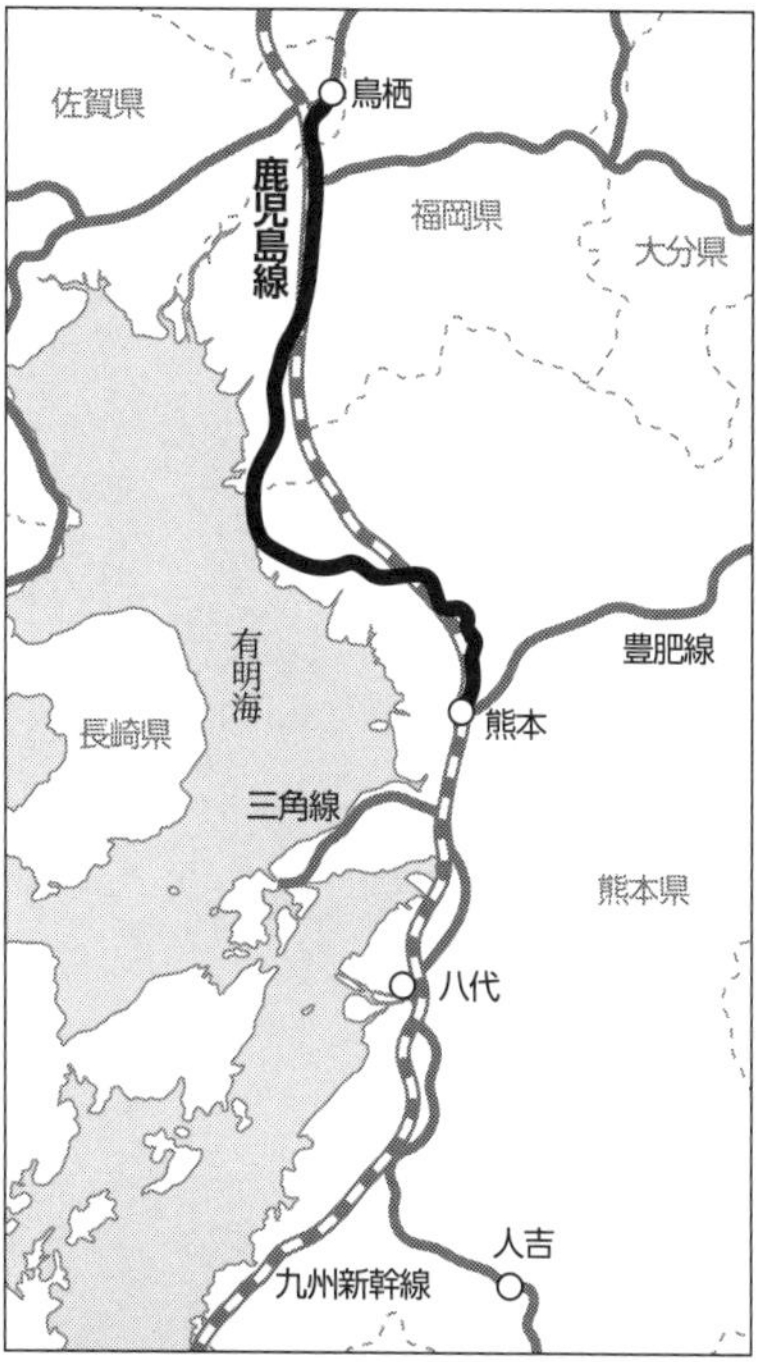

SL人吉

【SL人吉】運行日:3月～11月の土休日、夏休み期間の平日など／区間:鳥栖～熊本／料金:指定席1,680円(全車指定席)／予約:乗車1か月前より

ではは国内最長老のSLである。そう聞くと、重々しい動き出しにも歴史を感じてしまう。

車内販売の弁当は3営業日前までの事前予約制。ここは、名物の**「86（ハチロク）弁当」**を予約しておきたい。熊本の老舗《しにせ》洋食店「五車堂《ごしゃどう》 本店」が考案したもので、九州の食材を使用したハンバーグやおにぎりが美味《おい》しい。

列車は西南戦争の激戦地・**田原坂**《たばるざか》を越え、炭鉱地帯として知られた**大牟田**を過ぎ、九州最大の**筑後川**を長い橋梁《きょうりょう》で渡ると、終点**鳥栖**に着く。鹿児島線から長崎線が分岐する要衝《ようしょう》で、かつては広い操車場や機関区を擁《よう》し、鉄道の街として栄えた。駅舎は1903年に完成した建物がいまも現役で使われており、「ハチロク」の終着駅にふさわしい。

　鳥栖到着は13時37分。まだ時間が早いので、帰路には**基山**《きやま》**のラジウム温泉**に寄って煤を落とすのもよい。昭和レトロな温泉銭湯が、蒸気機関車の旅を締めくくってくれるだろう。

モデルプラン

駅名	発着時刻	路線名・観光スポット
博多	07:51発	鹿児島線快速
鳥栖	08:26着	
鳥栖	08:31発	鹿児島線普通
大牟田	09:15着	
大牟田	09:21発	鹿児島線普通
熊本	10:11着	
熊本	10:58発	鹿児島線「SL人吉」（指定席料金1,680円）
鳥栖	13:37着	
鳥栖	13:58発	鹿児島線区間快速
基山	14:03着	基山ラジウム温泉入浴：約1時間半
基山	15:41発	鹿児島線区間快速
博多	16:09着	

北海道で「青春18きっぷ」の旅を楽しむ

「青春18きっぷ」での北海道旅行は、少し難易度が高い。札幌近郊だけなら旅行しやすいが、札幌圏を離れると、普通・快速列車の運行本数がきわめて少ないからだ。

道外からの旅行者が北海道で「青春18きっぷ」の旅をする場合、LCCで新千歳空港に飛んでしまうことをおすすめする。新千歳空港駅から旅を始めてもいいし、札幌まで普通のきっぷで行って1泊し、翌日から「青春18きっぷ」を使い始めてもよい。

どうしても「青春18きっぷ」で本州から北海道に渡りたいという場合は、まず、津軽線の普通列車で蟹田《かにた》まで行き、さらに津軽二股《つがるふたまた》まで行く。隣接する奥津軽いまべつから北海道新幹線に乗って木古内《きこない》で降り、道南いさりび鉄道に乗り換えれば、五稜郭《ごりょうかく》やその先の函館に着ける。

この間、奥津軽いまべつ～五稜郭間は、「青春18きっぷ北海道新幹線オプション券」を購入して利用する。このチケットは「青春18きっぷ」と併用することで、北海道新幹線の奥津軽いまべつ～木古内間と、道南いさりび鉄道の木古内～五稜郭間に乗車できるものだ。

新幹線では普通車に乗車でき、空席があれば座ってもいい。奥津軽いまべつ～五稜郭間の価格は２４９０円である。奥津軽いまべつ駅をはじめ、全国のＪＲ駅で購入できる。

津軽線の運転本数と北海道新幹線の奥津軽いまべつ駅の停車本数が少ないうえ、接続しているとは限らないので、きちんと時刻表を調べておかないと、乗り換えで長い時間待たされるときがある。

おまけに、２０２３年４月現在、津軽線の蟹田～津軽二股間は前年８月の豪雨災害によりバス代行になっている。こうしたことから、あまりおすすめできるルートではないが、「青春18きっぷ」利用にこだわるなら、この方法でしか北海道に上陸できない。

「青春18きっぷ」利用にこだわらないならフェリーがおすすめだ。青森～函館間には津軽海峡フェリーと青函フェリーが運航していて、青函フェリーの夏季運賃が２７００円。所要時間は４時間ほどだ。青森、函館両駅から港が少し離れているが、トータルの所要時間では「北海道新幹線オプション券」を使った乗り継ぎよりも早いことがある。夜行便もあるので、青森に夜着いてフェリーに乗り、翌早朝に函館を出発という旅程も組める。

そのほか、八戸～苫小牧、大洗《おおあらい》～苫小牧、敦《つる》賀《が》・新潟・秋田～苫小牧、舞鶴・新潟～小樽といった航路もある。長距離フェリーでゆったり北海道に向かうのも、「青春18きっぷ」との組み合わせとしては悪くない。

3章

ご当地グルメと絶景の車窓を堪能する旅

「レストラン列車」や車内で販売される特製弁当など、沿線の海の幸・山の幸が味わえる観光列車は多い。グルメ自慢の列車に乗りに行く旅プランを紹介しよう。

プラン10
東京発
2泊3日

「海里」で日本海を眺め、庄内・山形の美食を味わう

青春18きっぷ
3回分使用

グルメ自慢の観光列車で最初に紹介したいのが、快速「海里《かいり》」。日本海の眺望《ちょうぼう》を楽しみながら、特製弁当に舌鼓《したつづみ》を打てる列車だ。

白新《はくしん》線・羽越《うえつ》線の新潟～酒田間を約3時間で結ぶ。起点となる新潟までは、東京から普通列車で1日がかりだ。乗りっぱなしも疲れるので、たとえば**高崎**で1時間昼食タイムをとり、**越後湯沢**の駅近くで日帰り入浴をする、といったメリハリをつけるのもよい。越後湯沢には**「江《え》神《がみ》温泉」**という共同浴場があり、7、8月と12月～3月は、13時からオープンしている。

新潟市内に泊まって、2日目はいよいよ「海里」に乗りこむ。

「海里」は、ＪＲ東日本自慢のディーゼルハイブリッド車両ＨＢ-Ｅ３００系を使用している。4両編成で、1号車がリクライニングシート、2号車がコンパートメント、3号車が売店・イベントスペース、4号車がダイニングという構成。このうち、1号車と2号車は、別途指定席券を購入すれば「青春18きっぷ」で乗車可能だ。コンパートメントはグループ向けなので、一

人旅や少人数の旅行なら1号車を選ぶとよい。ちなみに、4号車のダイニングは旅行商品（ツアー）専用車両なので、一般客の利用はできない。

新潟10時11分発。まずは3号車の売店に行き、特製弁当を購入しよう。車内限定のオリジナル弁当で、「海里」のコンセプトである「新潟の食」「庄内の食」を味わえる。下り列車で購入できるのは、地元の老舗《しにせ》がつくった**「加島屋《かしまや》御膳」**。事前予約が必要だ。

羽越線の車窓のハイライトは、なんといっても**笹川《ささがわ》流れ**である。桑川《くわがわ》から越後《えちご》寒川《かんがわ》にかけて続く海沿いの景勝地で、奇岩、岩礁《がんしょう》や洞窟が点在する地形が見もの。晴れていれば遠くに**粟島《あわしま》**も望める。**桑川駅**では30分ほど停車して、眺望を楽しむ時間も設けられている。

三瀬《さんぜ》の手前まで日本海に沿って走ったあと、庄内平野に進むと、城下町・**鶴岡**。世界一のクラゲ展示で知られる**加茂《かも》水族館**も鶴岡市内にある。山形県を貫《つらぬ》く**最上川**を渡ると、終点・**酒田**に13時27分に到着する。

酒田は、言わずと知れた北前船《きたまえぶね》の港町だ。米どころ庄

「海里」ルート

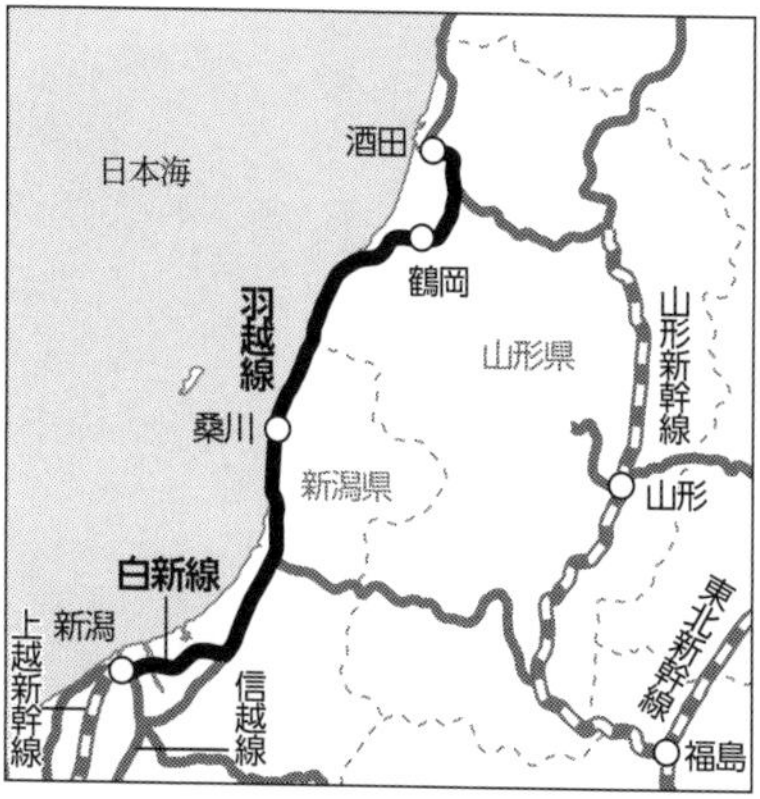

【海里】運行日：土休日など。3月～11月は金曜日も運行／区間：新潟～酒田／料金：指定席840円（全車指定席）／予約：乗車1か月前より

日本海沿いを走る海里

日本屈指の透明度を誇る笹川流れ

内のシンボルである**山居《さんきょ》倉庫**や、石置杉《いしおきすぎ》皮葺《かわぶき》屋根の**旧鐙屋《あぶみや》**、武家屋敷の**本間家旧本邸**など、歴史的な見どころには事欠かない。宿泊してじっくり観光しよう。

　夜は酒田グルメ。試してみたいのは、海鮮を使った**「酒田フレンチ」**だ。日本海の海の幸、鳥海山《ちょうかいさん》などの山の幸、庄内平野でとれた農作物など、酒田の食材を多く使用している。日本酒にも合うので、地酒と合わせて楽しめる。

　3日目は、最上川に沿って県都・山形市を目指し、奥羽線、東北線を通って帰京する。陸羽西線は２０２４年度まで工事のため運休中だが、「青春18きっぷ」で代行バスを利用できる。**酒田**を6時50分に出発し、**新庄**で乗り換えて10時44分**山形**着。1時間半ほどの乗り継ぎ時間を利用して、駅から近い**山形城**に立ち寄ったあと、ランチを楽しむのもよい。

山形から米沢経由で**福島**へ。途中の**板谷《いたや》峠**は、奥羽線の難所として知られる。**峠駅**では、名物の「**峠の力餅**」がいまもホームで立ち売りされている。停車時間はわずかだが、ぜひ買い求めたい。福島では、駅前にある「**コラッセフクシマ**」の12階に無料の展望ラウンジがあるので、立ち寄ってみよう。**吾妻《あづま》連峰**の山並みや**福島盆地**、**阿武隈《あぶくま》川**などの雄大な景色を楽しめる。

最後は、18時35分着の**宇都宮**で途中下車。駅ビル内や駅近くに餃子店がたくさんあるので、お好みの店で腹を満たしてから、19時43分発の上野行き快速「ラビット」で帰京する。

モデルプラン

駅名	発着時刻	路線名・観光スポット
1日目		
東京	09:00発	高崎線普通
高崎	10:57着	食事
高崎	12:02発	上越線普通
水上	13:08着	
水上	13:32発	上越線普通
越後湯沢	14:05着	入浴:約1時間
越後湯沢	15:12発	上越線普通
長岡	16:30着	
長岡	17:02発	信越線普通
新潟	18:17着	宿泊
2日目		
新潟	10:11発	白新・羽越線「海里」(指定席料金840円)
酒田	13:27着	酒田市内観光、宿泊
3日目		
酒田	06:50発	陸羽西線代行バス
新庄	08:53着	
新庄	09:32発	奥羽線普通
山形	10:44着	山形城観光、食事:約1時間半
山形	12:16発	奥羽線普通
米沢	13:04着	
米沢	13:08発	奥羽線普通
福島	13:54着	コラッセフクシマ展望ラウンジ観光:約1時間半
福島	15:40発	東北線普通
郡山	16:26着	
郡山	16:30発	東北線普通
新白河	17:09着	
新白河	17:12発	東北線普通
黒磯	17:35着	
黒磯	17:43発	東北線普通
宇都宮	18:35着	食事
宇都宮	19:43発	東北線快速「ラビット」
上野	21:17着	

プラン11
東京発
1泊2日

「越乃シュクラ」「おいこっと」で新潟・長野ほろ酔い旅

青春18きっぷ
2回分使用

日本酒好きの方におすすめの観光列車が「越乃《こしの》Shu＊Kura（越乃シュクラ）」。「酒」をコンセプトにした列車で、新潟県の地酒を車内で楽しめる。運行区間は上越妙高〜十日町《とおかまち》。信越線や飯山線などをまたいで走る。

いっぽう、「おいこっと」は「やすらぎと癒《いや》し」をコンセプトにした、のどかな観光列車である。運行区間は十日町〜長野で、おもに飯山線を走る。2つの列車は十日町で乗り継げるので、お酒を楽しんだあと、やすらぎと癒しの旅ができる、という按配《あんばい》だ。

「越乃シュクラ」は、起点の上越妙高から直江津まで第三セクターの「えちごトキめき鉄道」を走る。運賃が別途かかるから、「青春18きっぷ」利用ならＪＲ線区間が始まる**直江津**から乗るとよい。東京から直江津へは、上越線と信越線を乗り継げば1日で行ける。途中、**高崎**と**長岡**で約1時間ずつ休憩し、昼食とお茶の時間にすれば肩の凝《こ》らない旅ができるだろう。

直江津に宿泊し、2日目、「越乃シュクラ」は直江津を10時18分に出発する。キハ40形を改造した3両編成だ。1号車がボックスシートと窓側を向いたペアシート。2号車がイベントスペースとサービスカウンター、3号車がリクライニングシートになっている。1号車は旅行商品（ツアー）専用で、一般販売で乗車できる指定席は3号車だ。普通車の扱いながらシートピッチ（前後間隔）は広く、こんな立派な座席に「青春18きっぷ」と指定席券で乗れるのかと申し訳ない気分になる。

　動き出したら、さっそく2号車に行ってみよう。広々としたイベントスペースに酒樽の形をしたスタンディングテーブルが並んでいる。サービスカウンターには**「利き酒コーナー」**があり、一杯数百円で5種類の銘柄を楽しめる。いずれも新潟県内の地酒で、おつまみを食べながらグラスを傾ければ、あっという間にほろ酔い気分だ。

　30分ほど走ると**青海川**《おうみがわ》に停車。「日本でもっとも海に近い駅」として知られていて、ホームのすぐ目の前に海岸が開けている。6分間停車するので、海風にあたって白波を眺めよう。

越乃Shu＊Kura

【越乃Shu＊Kura】運行日：土休日など／区間：上越妙高〜十日町／料金：指定席530円（全車指定席）。上越妙高〜直江津間は別途340円が必要／予約：乗車1か月前より

「蔵守」というサービスカウンターでは、古酒を含めた「呑み比べセット」も販売されている。適度に揺れる列車で心地よく酔いがまわり、至福の時が流れる。

直江津から2時間あまりで**十日町**着。まだ降りたくないけれど、隣のホームに「おいこっと」がすでに到着している。30分ほどで出発時刻だ。

「おいこっと」という列車名は、「ＴＯＫＹＯ」の逆さ読みで付けられた。田園風景や川、山など日本人が思い描くふるさとをイメージした列車であり、東京の真逆という意味が込められている。

車両はキハ１１０系気動車を改造したもの。外観は茅葺《かやぶ》き屋根の民家の襖《ふすま》や障子などをイメージした、シックなデザインである。車内は和風テイストで、車両中央部がボックスシート、車端《しゃたん》部がロングシートになっている。全車指定席だが、車窓を楽しむ列車でもあるから、ここはぜひ、ボックスシートの窓側を確保しておきたいところ。

「おいこっと」が走る飯山線は、**信濃川**に沿って走る。沿線は国内有数の米どころでもあり、車窓にはのどかな田園地帯が広がる。

やがて左右から山が迫《せま》ってくると、狭い谷間にうねるような**河岸段丘**が現れる。このあたりは新潟・長野の県境付近で、日本屈指の豪雪地帯でもある。途中の**森宮《もりみや》野原《のはら》**は、１９４５年に

【おいこっと】運行日：土休日など／区間：長野〜十日町／料金：指定席530円（全車指定席）。長野〜豊野間は別途260円が必要／予約：乗車1か月前より

7・85mという日本最高積雪を記録した駅として知られている。

飯山には14時39分着。じつに37分も停車する。駅構内では「おいこっと まるしぇ」という物販市が開催されていて、郷土食や地元産のお土産を買うことができる。いわばイベント停車だ。駅構内の「**からくり時計**」は正時《しょうじ》に動くので、15時直前に注目しておこう。

車内販売もある。コーヒーやお菓子のほか、ビールや地酒も充実している。「越乃シュクラ」で飲み足りなかった人は、続きを楽しんでみるのもいいだろう。

おいこっと

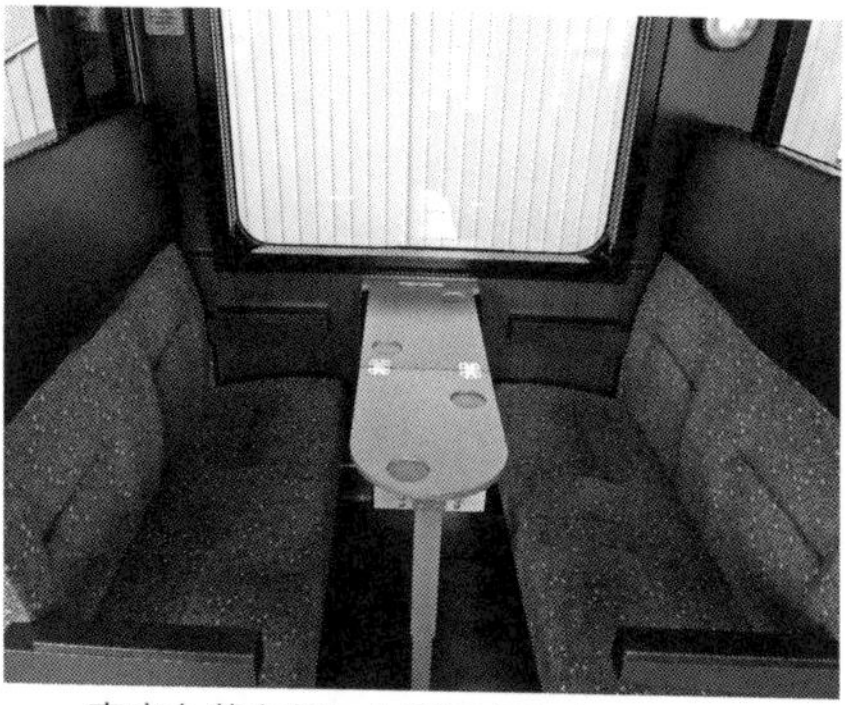

車内も落ち着いた雰囲気になっている

十日町から約3時間で終点・**長野**到着。飲み過ぎてお疲れならば、ここから新幹線で帰京してもいい。元気な方は、「青春18きっぷ」で東京まで乗り継いでみよう。松本経由で約5時間かかるが、23時頃には帰京できる。
ちなみに、「おいこっと」「越乃シュクラ」の順に乗り継ぐこともできるが、東京から「青春18きっぷ」で往復するなら1泊2日では収まらない。往復に新幹線を使うなら、どちらの列車を先にしても日帰りで乗車できる。

モデルプラン

駅名	発着時刻	路線名・観光スポット
1日目		
東京	09:21発	高崎線快速「アーバン」
高崎	11:13着	食事
高崎	12:02発	上越線普通
水上	13:08着	
水上	13:32発	上越線普通
長岡	15:32着	
長岡	16:29発	信越線快速
直江津	17:32着	
2日目		
直江津	10:18発	信越・飯山線 「越乃Shu*Kura」 (指定席料金530円)
十日町	12:32着	
十日町	13:05発	飯山線「おいこっと」 (指定席料金530円、 しなの鉄道運賃260円*)
長野	16:02着	
長野	16:06発	篠ノ井線普通
松本	17:22着	
松本	17:23発	中央線普通
甲府	19:17着	食事
甲府	20:40発	中央線普通
大月	21:27着	
大月	21:31発	中央線快速
新宿	22:57着	

*しなの鉄道豊野～長野間の運賃260円が別途必要。

プラン12
名古屋発
2泊3日

「べるもんた」で絶品の海の幸に舌鼓を打つ

青春18きっぷ
3回分使用

握りたての寿司が車内で食べられる、と聞けば、豪華クルーズ列車を思い浮かべてしまいそうだが、そうとは限らない。手軽な観光列車でも、寿司職人が握ってくれる列車が存在する。

べるもんた

「べるもんた」である。

正式には「ベル・モンターニュ・エ・メール」という。フランス語で「美しい山と海」の意味だそうだ。美しい響きの列車名だが、長いので「べるもんた」と略されることが多い。運行会社のJR西日本も、公式にこの略称を使っている。

「べるもんた」が走るのは、富山県の**高岡**を起点とした2つのローカル線だ。氷見《ひみ》線と城端《じょうはな》線で、土曜日に城端線の高岡～城端間、日曜日に氷見線の高岡～氷見間などを運行する。北陸地方は「青春18きっぷ」で旅がしづらいエリアだが、「通過特例」（48ページ参照）を活用して、**金沢**と**飛驒高山**という2つの古都を組み合わせる周遊旅行をしてみよう。

「べるもんた」の運行日に合わせるため、1日目は金曜日の出発である。**名古屋**から米原に出て、北陸線を乗り継ぎ、**金沢**に向かう。名古屋を金曜日の6時10分に出れば、11時44分に金沢に着き、駅から15分ほどの**近江町市場**で昼食を食べられる。午後は**兼六園**《けんろくえん》や**金沢城**といった金沢市内観光に充て、そのまま金沢市内に宿泊する。

2日目は土曜日。**金沢**8時49分発のＩＲいしかわ鉄道・あいの風とやま鉄道普通列車（別運賃）に乗れば、**高岡**を9時38分に出る「べるもんた51号」城端行きに間に合う。

「べるもんた」は、キハ40系気動車を改造した1両編成だ。車両は古いが、ダークグリーンに金帯の外観が高級感を醸《かも》している。車内は片側が4人向かい合わせのボックスシート、片側が窓側を向いたカウンター席になっていて、それぞれテーブルが付く。車端部にはネタケースを備えた簡易厨房とカウンター席が設けられていて、職人さんが握って座席まで届けてくれる。

寿司メニューは**「ぷち富山湾鮨セット」**という、富山湾の海の幸を使った5貫もの。そのほか、海鮮丼やお造りのメニューもある。左党におすすめは**「ほろ酔いセット」**。地酒とおつまみのセットで、ホタルイカの沖漬けや昆布巻きかまぼこが絶妙に美味である。ただし、提供内容

【ベル・モンターニュ・エ・メール（べるもんた）】運行日：土休日など／区間：砺波・高岡～氷見、高岡～城端／料金：指定席530円（全車指定席）／予約：乗車1か月前より

国指定史跡の「高山陣屋」

は時季により異なるので、違ったらご容赦を。いずれのメニューも事前予約が必要だ。

「べるもんた」は**砺波《となみ》平野**の田園地帯をゆっくりと走る。高岡から終点の**城端**まで1時間弱。小腹《こばら》を満たしたら終点という按配《あんばい》である。「べるもんた」は20分ほどで折り返すが、それには乗らず、駅周辺を散策しよう。10分ほど歩けば**城端曳山《じょうはなひきやま》会館**もある。

40分後の城端線・氷見線直通列車に乗り、**氷見**12時32分着。氷見は『忍者ハットリくん』などの作者である藤子不二雄Ⓐの出身地で、「まんがのまち」として売り出している。潮風ギャラリーで**「藤子不二雄Ⓐアートコレクション」**を楽しんでみよう。

氷見を14時24分に出て、高岡から富山を経由して高山線へ向かう。高岡〜富山間は第三セクターのあいの風とやま鉄道だが、通過特例により「青春18きっぷ」で乗車できる。

富山、猪谷《いのたに》と乗り継いで、**高山**は18時27分着。言わずと知れた飛騨の小京都である。宿泊して、翌日に**古い町並み**（国選定重要伝統的建造物群保存地区）や**高山**

モデルプラン

駅名	発着時刻	路線名・観光スポット
1日目(平日ダイヤ)		
名古屋	06:10発	東海道線普通
米原	07:27着	
米原	07:41発	北陸線普通
長浜	07:50着	
長浜	07:53発	北陸線普通
近江塩津	08:19着	
近江塩津	08:32発	北陸線普通
敦賀	08:45着	
敦賀	08:47発	北陸線普通
福井	09:48着	
福井	10:22発	北陸線普通
金沢	11:44着	金沢市内観光、宿泊
2日目(土曜ダイヤ)		
金沢	08:49発	IRいしかわ鉄道・あいの風とやま鉄道普通(運賃840円)
高岡	09:29着	
高岡	09:38発	城端線「べるもんた51号」(指定席料金530円)
城端	10:22着	城端市内観光:約40分
城端	11:03発	城端線・氷見線普通
氷見	12:32着	氷見市内観光:約2時間
氷見	14:24発	氷見線普通
高岡	14:55着	
高岡	15:05発	あいの風とやま鉄道線(通過特例)
富山	15:22着	
富山	15:58発	高山線普通
猪谷	16:54着	
猪谷	17:17発	高山線普通
高山	18:27着	宿泊、高山市内観光

駅名	発着時刻	路線名・観光スポット
3日目(日曜ダイヤ)		
高山	14:53発	高山線普通
下呂	16:01着	下呂温泉入浴など:約1時間半
下呂	17:48発	高山線普通
美濃太田	19:08着	
美濃太田	19:31発	高山線普通
岐阜	20:03着	
岐阜	20:06発	東海道線普通
名古屋	20:26着	

※敦賀～金沢間は2024年3月の北陸新幹線延伸にともない第三セクターに移管予定。

陣屋などをじっくり観光しよう。食事は飛騨牛を張りこむのも好《よ》し、郷土料理に舌鼓を打つのも好し。

3日目は、15時前の列車に乗って、**下呂《げろ》温泉**へ。駅から徒歩圏内に日帰り湯がたくさんある。さっと入るなら、駅から比較的近く低価格な**「幸の湯」**あたりがおすすめだ。休憩後に列車に乗れば、名古屋には20時半頃に帰れる。

プラン13
博多発
1泊2日

「○○のはなし」「SLやまぐち」で歴史薫る萩・津和野をめぐる

青春18きっぷ
2回分使用

「偉大なるローカル線」といえば山陰線。日本海側に沿って京都～幡生《はたぶ》間674・8㎞を結ぶ、ローカル線の王者だ。なかでもローカル感が強いのは、山口県内の萩《はぎ》から下関に至る区間。**響《ひびき》灘《なだ》**に面する海岸線の美しさに目を奪われ、本州の最果《さいは》て感が旅情をかき立てる。

この区間を走る観光列車が、東萩《ひがしはぎ》～新下関間を結ぶ快速列車「○○のはなし」である。山陰線には「見て、聞いて、感じてみたい『はなし』がある」ということで、萩（は）、長門（な）、下関（し）をたどる、という意味を込めたネーミングだそうだ。旅行者としては、萩・津和野をめぐる旅に組みこむと楽しい観光列車である。

「○○のはなし」は、新下関発が午前便、東萩発が午後便である。おすすめは響灘を順光で見られる午前便。博多から訪れる場合、起点の新下関からではなく、**下関**から乗車するほうが近い。**博多**を朝8時8分に出れば、下関を10時10分に出る東萩行きに間に合う。

車両はキハ47形という片運転台の気動車を改造した2両編成。1号車は「西洋が憧れる日本」

○○のはなし

がコンセプト。内装は和風で、ファミリーレストランのような軽快なインテリアだ。4人掛けと2人掛けのボックスシートには畳張りの足置きがあり、靴を脱いでくつろぐことができる。

いっぽう、2号車は「日本が憧れた西洋」がコンセプト。レンガづくりをイメージした洋風の内装で、海側の窓に向けた2人掛けのソファーが並ぶ。こちらはチェーン系カフェのような小洒落《こじゃれ》た雰囲気だ。1号車、2号車とも、改造車ゆえに座席と窓割りが一致していないのが難点。座席予約のさいには注意したい。

3日前までに予約しておくと、下関を出発後に弁当が供される。下関の料亭「古串屋《こぐしや》」特製で、**「夢のはなし弁当」**と**「みすゞふるさと弁当」**の2種類から選べる。どちらもおかずの品数が多く、一品一品、手が込んでいる。「青春18きっぷ」の旅で、料亭のお弁当が食べられるのだからありがたい。

小串《こぐし》海岸や**二《ふた》見《み》夫婦《めおと》岩**といった絶景ポイントでは、駅でもないのに停車して景色を眺める時

【快速「○○のはなし」】運行日：土休日など／区間：東萩～新下関／料金：指定席530円（全車指定席）／予約：乗車1か月前より

間をつくってくれる。響灘に別れを告げ、進路を東に向けると、**阿川**《あがわ》で14分の停車。駅舎がカフェになっているので、食後のコーヒーをテイクアウトしよう。入り江の向こうに浮かぶ**青海島**《あおみじま》を眺めてコーヒーを飲んでいると、まったりとした時間が流れる。列車はゆっくりと先に進み、12時55分に終点・**東萩**に到着する。

萩はいうまでもなく、毛利家36万石の城下町である。**江戸屋横町**、**菊屋横丁**といった風情のある町並みが見どころだ。大藩の城下町にもかかわらず、県庁所在地にならなかったこともあり、近世の残り香をいまも感じられるのが萩の魅力である。**萩・明倫**《めいりん》**学舎**や**萩城跡**といった世界遺産にも足を延ばしたい。夜は地魚の店で一献《いっこん》傾けるのも楽しみだ。

2日目は、**東萩**を8時40分の山陰線の普通列車で出発。ちらちら姿を見せる日本海を楽しみながら、**益田**《ますだ》で山口線に乗り換えて**津和野**へ向かう。「萩・津和野」と並び称される観光名所だが、列車で移動すると時間がかかり、津和野に着くのは12時過ぎである。バスなら萩を9時頃に出て11時前に津和野に着けるので、観光時間を増やしたいならバスを使うのもよい。

津和野のシンボルは**殿町**《とのまち》**通り**。掘割《ほりわり》に泳ぐ鯉と白壁の美しさで知られる。駅から近いのでそぞろ歩きをして、好きなお店でランチにするといいだろう。大きな街ではないので、3時間あればざっと見ることはできる。

【快速「SLやまぐち」】運行日:3月～11月の土休日など／区間:新山口～津和野／料金:指定席1,700円(全車指定席。グリーン車は「青春18きっぷ」では乗車不可)／予約:乗車1か月前より

SLやまぐち

津和野からは、第二のお楽しみ、快速「ＳＬやまぐち」だ。１９７９年に復活運転を開始した、国鉄初の動態保存ＳＬ列車である。牽引機は「貴婦人」ことＣ57形１号機と、「デゴイチ」ことＤ51形２００号機のいずれかで、たまに重連を披露してくれる。

２０１７年に、35系という新型の専用客車が投入された。国鉄時代の旧型客車を最新技術によって再現した力作だ。普通座席の客車としては35年ぶりの新型車両で、ＪＲ西日本が「ＳＬやまぐち」に懸ける意気込みが伝わってくる。

客車は5両編成で、1号車がグリーン車指定席、2号車から5号車が普通車指定席である。普通車は国鉄客車と同様の4人掛けボックスシート。2号車から4号車は、木枠に紺色のモケットが落ち着いた雰囲気を醸している。5号車はモケットが緑、背もたれは板張りという超レトロ調で、展望デッキも備えている。

津和野発は5号車が最後尾になるので、普通車で展望デッキを楽しめる。ただ、展望デッキはたいてい混んでいるので、早めに行って空気を味わったら自分の座席に戻るのがいいだろう。山口線はトンネルが多いから、ずっと展望デッキにいると煤《すす》だらけになってしまう。

車窓を見ていると、住民の方がよく手を振ってくれる。運行開始から40年を経て、SLが日常になっているにもかかわらず、こんなに手を振ってくれることは意外にも感じられる。それだけSLが地域の方に愛されているのだろう。

津和野から**新山口**まで、約1時間40分ほどかけて走る。SLの懐かしさはもちろんだが、JRの意気込みと、沿線住民の愛情が伝わってくる。そうした意味でも心安らぐ旅である。

モデルプラン

駅名	発着時刻	路線名・観光スポット
1日目		
博多	08:08発	鹿児島線快速
小倉	09:24着	
小倉	09:30発	鹿児島・山陽線普通
下関	09:43着	
下関	10:10発	山陰線快速「○○のはなし」（指定席料金530円）
東萩	12:55着	萩市内観光、宿泊
2日目		
東萩	08:40発	山陰線普通
益田	09:54着	
益田	11:23発	山口線普通
津和野	12:04着	津和野市内観光、食事：約4時間
津和野	15:54発	山口線快速「SLやまぐち」（指定席料金1,700円）
新山口	17:38着	
新山口	18:17発	山陽線普通
下関	19:29着	
下関	19:42発	山陽・鹿児島線
門司	19:49着	
門司	19:55発	鹿児島線
博多	21:11着	

北陸で「青春18きっぷ」の旅を楽しむ

北陸新幹線が開業したことで、並行在来線の北陸線と信越線が、長野〜直江津〜金沢間でＪＲから切り離された。２０２３年４月現在、この区間は、しなの鉄道、えちごトキめき鉄道、あいの風とやま鉄道、ＩＲいしかわ鉄道の第三セクター４社に分割のうえ移管されている。これら三セク各社では「青春18きっぷ」が使えないので、北陸エリアを「青春18きっぷ」で周遊するのは難しい。

東京や名古屋、大阪などから「青春18きっぷ」で行ける北陸エリアは、信越線の直江津、大糸線の糸魚川《いといがわ》、高山線の富山、北陸線の金沢までである。この間の直江津〜金沢は、第三セクター各社を利用することになるが、富山〜高岡間と金沢〜津幡《つばた》間のみ「青春18きっぷ」が利用できる特例が設けられている。

この特例が使えるのは「通過利用」のみである。高山線で富山まで来れば、氷見線と城端線の起点である高岡まで、あいの風とやま鉄道（あい鉄）を通過利用してよい、というルールだ。北陸線で金沢方面から来た場合は、七尾《ななお》線の起点である津幡までＩＲいしかわ鉄道を通過利用できる。

北陸エリアで「青春18きっぷ」が利用できる区間、できない区間

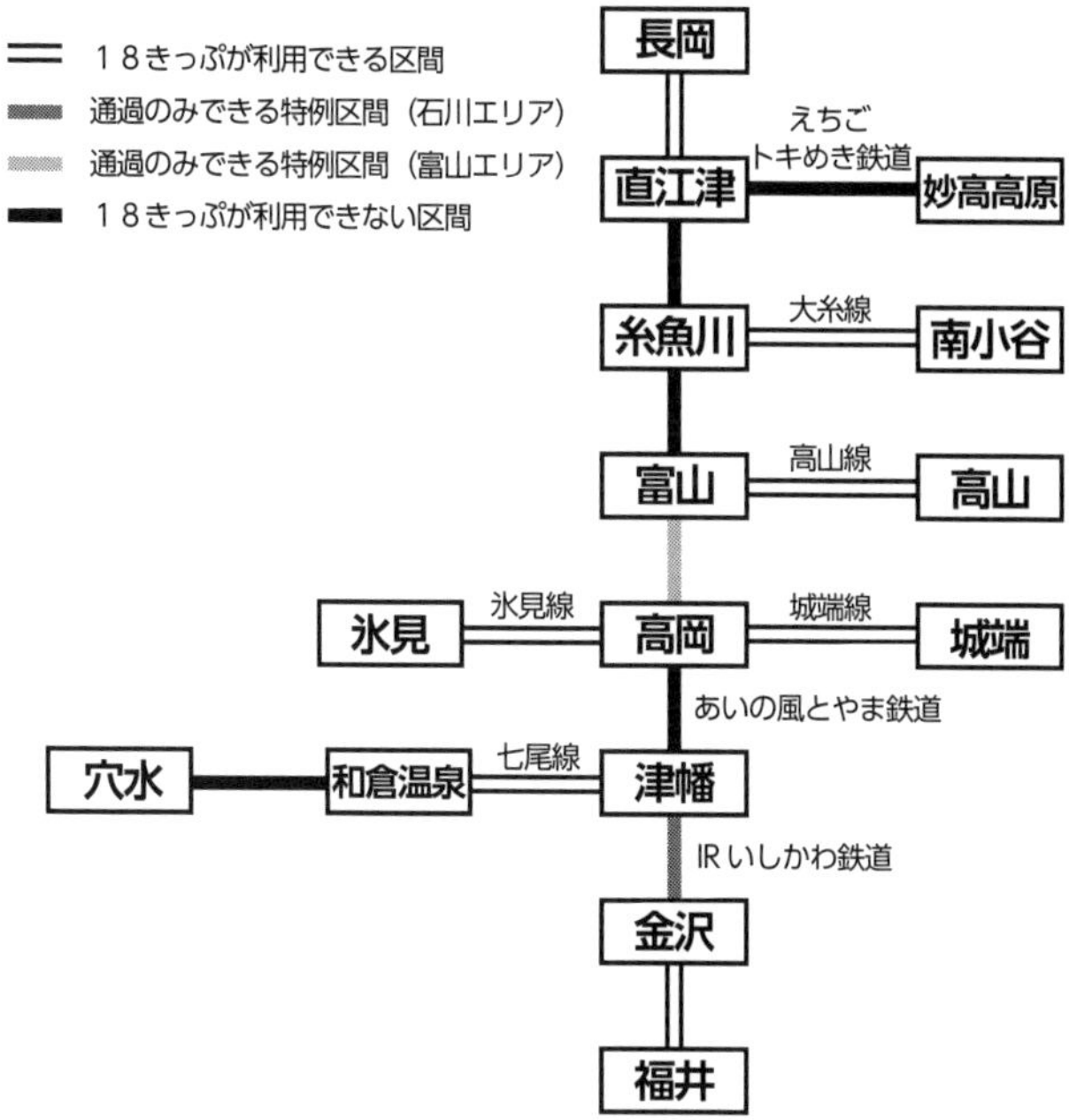

わかりにくいのは、金沢から氷見線と城端線へ向かう場合で、この乗り継ぎは通過利用が認められていない。したがって、金沢～高岡で第三セクターの運賃が必要となる。

結局、「青春18きっぷ」では、北陸エリアを思うように旅行できないので、北陸エリアを周遊したいなら違う方法を考えたほうがいい。

活用したいのは、三セク各社が発売しているフリーきっぷである。えちごトキめき鉄道は、「青春18きっぷ」持参者

に限り購入できる「トキ鉄18きっぷ」を１０００円で発売している。ＩＲいしかわ鉄道とあいの風とやま鉄道は、土休日、ＧＷ・夏休み・年末年始限定で、２社乗り放題の１日乗車券「ＩＲ・あいの風フリーきっぷ」を２０００円で発売している。

北陸エリア全体のフリーきっぷを使う方法もある。狙い目はＪＲ西日本が「tabiwa」というアプリで販売している「北陸おでかけtabiwaパス」だ。土休日の１日間有効で２４５０円。直江津～敦賀《つるが》間の北陸エリアのＪＲ線、第三セクター線が乗り放題になる。土休日しか利用できないが、観光列車は土休日のみの運行が多いので、むしろ好都合である。

「べるもんた」に乗りに行く旅なら、出発地にもよるが、「青春18きっぷ」を使わずに敦賀や直江津まで行って、「北陸おでかけtabiwaパス」を使ったほうがお得な場合もある。スマホで購入できるが、使用する3日前までの販売なので、注意が必要だ。

北陸新幹線は２０２４年春に敦賀まで延伸開業する予定だ。このとき、敦賀～金沢間も第三セクターに移管される。そうなると、「青春18きっぷ」での北陸旅行のハードルはさらに高くなるだろう。

こうしたフリーきっぷの活用も含めて、旅のかたちを柔軟にしたい。

4章

美しい自然と歴史の息吹に触れる旅

鉄道旅行の醍醐味のひとつは、沿線の自然や歴史・文化をたっぷり体感できること。

「青春18きっぷ」と観光列車を組み合わせて、「まだ見たことのない日本」をめぐる旅へ出かけてみよう。

プラン14
札幌発
2泊3日

「くしろ湿原ノロッコ号」で雄大な自然をのんびり楽しむ

青春18きっぷ
3回分使用

北海道の道東エリア、釧路と網走を結ぶのが釧網《せんもう》線である。**釧路湿原**、**摩周湖**、**川湯《かわゆ》温泉**、**知床半島**、**原生《げんせい》花園《かえん》**と、自然豊かな見どころに恵まれた日本屈指の観光路線だ。

四季折々の自然が楽しめるが、夏季ならば「くしろ湿原ノロッコ号」に乗ってみたい。釧網線のハイライトである釧路湿原区間をゆっくりと走り、大自然を感じられる列車である。

起点となる**釧路**までは、**札幌**から「青春18きっぷ」で1日がかり。特急に乗れる「石勝《せきしょう》線特例」（50ページ参照）を活用すれば、札幌を朝10時35分に出て、釧路に21時4分に着く。**新夕張**で約3時間の待ち時間があるが、駅近くに**「道の駅夕張メロード」**があるので、食事をしながらのんびり待とう。

新得16時41分発釧路行きは、途中の**帯広駅**で18分停車する。駅構内の改札外にある豚丼店でテイクアウトして、車内での夕食にする。宿泊は釧路だが、釧路駅周辺で夜21時過ぎに食事ができる店は少ないので、それまでに済ませておいたほうがいい。

2日目、「くしろ湿原ノロッコ号」は、朝11時6分に**釧路**を出発。DE10形というディーゼル機関車に、国鉄時代の50系客車を改造した510系客車が4両という編成だ。機関車も客車も濃緑色に統一されており、釧路湿原によくなじむ。

座席は6人掛けと2人掛けのボックスシートが主体。窓が広く開放感にあふれ、木製のベンチシートが野趣《やしゅ》を醸《かも》し出す。ただし、自由席の1号車だけは国鉄時代の旅を思い出させる内装で、青いモケットの4人掛けボックスシートが並び、車端《しゃたん》部はロングシートだ。開放感はない

「くしろ湿原ノロッコ号」ルート

くしろ湿原ノロッコ号

釧路湿原最大の湖「塘路湖」

【くしろ湿原ノロッコ号】運行日：4月～10月の土休日／区間：釧路～塘路／料金：指定席840円（自由席は料金不要）／予約：乗車1か月前より

が、「普通の旅らしくていい」という人もいる。

車窓は、釧路発の進行方向に向かって左側がよい。**釧路川**はずっと左に見えて、水面を滑るカヌーや、沼のほとりに集うエゾシカの群れを眺めることができる。湿原はあまりにも雄大で、「日本離れした景色」という言葉が、これほどしっくりくる場所もなかなかない。

45分ほどで終点・**塘路**《とうろ》に着く。ログハウス風の駅舎にカフェがあり、旅行者を出迎えてくれる。駅の近くには**展望台**があるので上ってみよう。それほど高いものではないが、塘路駅と奥にある**マクントーの沼**が一望できる。「ノロッコ号」が大自然に溶けこんで停車している姿は、じつに絵になる。

駅から15分ほど歩くと、**塘路湖畔**に出る。遊歩道がよく整備されていて、散策すると気持ちがいい。野鳥や昆虫も観察できる。

3時間ほどゆっくりして、14時45分発の網走行き普通列車に乗ろう。塘路から次駅の**茅沼**《かやぬま》までは、湿原のど真ん中を走る釧路湿原らしい場所だ。ここを「ノロッコ号」が走らないのはもったいないが、普通列車でも景色は楽しめる。

摩周を過ぎると丘陵地帯にさしかかる。**川湯温泉**を過ぎ、右手に**斜里**《しゃり》**岳**《だけ》が見えてくると、川に沿った平原が広がり始める。**知床斜里**からはオホーツク海沿いの絶景区間だ。**小清水の原生**

花園を横目に見ながら、**網走**に17時17分到着。宿泊して、夜は**毛ガニ**などを堪能《たんのう》しよう。

3日目は石北《せきほく》線を使って**札幌**に戻る。石北線には特別快速「きたみ」という、「青春18きっぷ」利用者御用達の列車がある。北見〜旭川間184・7kmを3時間22分で走破。表定時速78kmという韋駄天《いだてん》だ。**旭川**に着くのは13時49分なので、**旭川ラーメン**で遅めの昼食にしよう。旭川を16時12分に出る列車に乗れば、札幌には18時47分に着ける。

モデルプラン

駅名	発着時刻	路線名・観光スポット
1日目		
札幌	10:35発	千歳線快速 「エアポート106号」
千歳	11:07着	
千歳	11:11発	石勝線普通
新夕張	12:10着	食事
新夕張	15:30発	石勝線特急「おおぞら7号」 （特例利用）
新得	16:33着	
新得	16:41発	
釧路	21:04着	宿泊
2日目		
釧路	11:06発	釧網線 「くしろ湿原ノロッコ2号」 （指定席料金840円）
塘路	11:51着	塘路湖散策：約3時間
塘路	14:45発	釧網線普通
網走	17:17着	宿泊
3日目		
網走	08:44発	石北線普通
北見	09:48着	
北見	10:27発	石北線特別快速「きたみ」
旭川	13:49着	食事
旭川	16:12発	函館線普通
岩見沢	17:54着	
岩見沢	18:05発	函館線普通
札幌	18:47着	

プラン15
札幌発
2泊3日

「SL冬の湿原号」に乗って白銀の大地で野生生物に会う

青春18きっぷ
3回分使用

釧網線は冬も乗りごたえがある。雪に覆《おお》われて真っ白になった湿原を、タンチョウやオジロワシが舞う……そんなドキュメンタリー番組のようなシーンを車窓から眺められるのだ。厳寒期に「ノロッコ号」は走らないが、かわりに「ＳＬ冬の湿原号」という、希少価値のある観光列車が待っている。

「ＳＬ冬の湿原号」は、ＪＲ北海道唯一《ゆいいつ》のＳＬ列車である。牽引機はＣ11形蒸気機関車で、１９４０年に製造された。廃車後、標茶町《しべちゃちょう》の公園で静態保存されていた車体を、補修のうえ動態復元したものである。かつては函館エリアの観光列車としても走っていたが、近年は冬の釧網線でしか運行していない。

札幌から釧路への行き方は、前項「くしろ湿原ノロッコ号」と同じで、石勝線と根室線を１日かけて乗り継いでいく。２日目、**釧路**出発は11時５分。ダイヤは大筋《おおすじ》で「ノロッコ号」と同じだが、静態保存していた土地に敬意を示し、**標茶**まで足を延ばす。

客車は国鉄時代に優等列車に使われた14系4両と、旧型客車43系1両の5両編成。2021年から2022年にかけてリニューアルが行なわれ、面目を一新した。

冬の雪原は静かである。SLの蒸気の音が響き、踏みしめる線路のきしみが感じられるほどだ。白く広々とした大地の奥に、雪をかぶった**白糠《しらぬか》丘陵**の山々が連《つら》なる。木々の合間ではエゾシカやキタキツネが跳《は》ねまわる。周囲が真っ白なぶん、動物の姿が夏よりも目立つ。釧路駅を出発して1時間ほどで**茅沼**に到着。「タンチョウの来る駅」というキャッチフレーズがあり、看板に偽《いつわ》りなくタンチョウの舞う姿が見られる。

SL冬の湿原号

茅沼駅ではタンチョウに出会えるかも…

終点の標茶に転車台はないので、機関車を側線で回送して付け替え、釧路行きは後ろ向きで運転となる。折り返し時間は1時間半ほどあり、予約をしておけば送迎バスで周辺施設を訪れることができる。

おすすめは「**ホテル・テレーノ気《け》**

【SL冬の湿原号】運行日：1月〜3月の土休日／区間：釧路〜標茶／料金：指定席1,680円（全車指定席）／予約：乗車1か月前より

仙《せん》」。**地元産ラム肉の焼肉定食**が文句なくうまい（要予約）。源泉かけ流しの温泉もあり惹《ひ》かれるが、入浴するとちょっと慌《あわ》ただしくなる。

「SL冬の湿原号」は、こうした標茶での楽しみがあるので、往復利用がおすすめだ。モデルプランでは、釧路に戻ったあと1泊してから札幌に戻っているが、特急でその日のうちに札幌に帰ることもできる。翌朝、根室方面へ向かうといった旅程を組んでもいい。

モデルプラン

駅名	発着時刻	路線名・観光スポット
1日目		
札幌	10:35発	千歳線快速「エアポート106号」
千歳	11:07着	
千歳	11:11発	石勝線普通
新夕張	12:10着	道の駅夕張メロードで食事
新夕張	15:30発	石勝線特急「おおぞら7号」（特例利用）
新得	16:33着	
新得	16:41発	根室線普通
釧路	21:04着	
2日目		
釧路	11:05発	釧網線「SL冬の湿原号」（指定席料金1,680円）
標茶	12:35着	食事
標茶	14:00発	釧網線「SL冬の湿原号」（指定席料金1,680円）
釧路	15:42着	宿泊
3日目		
釧路	10:25発	根室線普通
新得	14:21着	食事
新得	15:55発	根室線特急「おおぞら8号」（特例利用）
新夕張	16:52着	
新夕張	18:42発	石勝線普通
南千歳	19:39着	
南千歳	19:45発	千歳線快速「エアポート197号」
札幌	20:20着	

プラン16
仙台発
2泊3日

「リゾートしらかみ」に乗って車窓を流れる大パノラマに歓声

青春18きっぷ
3回分使用

「リゾートしらかみ」は、ＪＲの観光列車を代表する存在である。走るのは、おもに五能《ごのう》線。日本海の荒々しい景観が売り物のローカル線だ。秋田〜青森間約２４８㎞という長距離を１日最大３往復、土休日だけでなく平日も走る。ローカル線の観光列車としては異例の運行規模で、人気の高さがうかがえる。

リゾートしらかみ

仙台を朝６時44分に出発して普通・快速列車を乗り継げば、**秋田**13時57分発の「５号」に間に合う。「リゾートしらかみ」には４編成があるが、「５号」に充当されるのは「青池」編成が多い。ＪＲ東日本が誇るハイブリッド車両、ＨＢ-Ｅ３００系の４両編成だ。

軽《かろ》やかな水色が印象的で、１、３、４号車がリクライニングシート、2号車が「名物」のコンパートメント的ボックスシートとなっている。できればボックスシートに乗りたいところだが、定員4名で相席ありなので、少人数では利用しづらい。リクライニングシートでもグリーン車並みにゆったりしており、眺望もいいので、少人数ならこちらを選ぼう。海側のA席がおすすめだ。

秋田から奥羽《おうう》線を快走し、約1時間。東能代《ひがしのしろ》から五能線に入る。**岩館**《いわだて》を過ぎるあたりから、海岸線の岩場をなぞるような線路となり、荒々しい海沿いの景色が続く。時計台のあるレンガ色の建物が見えてきたら、**ウェスパ椿山**《つばきやま》。ここで下車して、**黄金崎**《こがねさき》**不老ふ死温泉**に泊まろう。日本海に面した豪快な露天風呂で人気の宿で、駅から送迎バスがある。

翌朝は、世界遺産・**白神**《しらかみ》**山地**の名所である**十二湖**へ。不老ふ死温泉から直行バスで45分だ（冬季運休）。青池で白神のブナ林の空気に触れたら十二湖駅に戻り、「リゾートしらかみ3号」を捕まえる。指定席券は駅では購入できないので、事前に用意しておく。

「3号」はキハ40系「くまげら」編成のことが多い。白神山地に生息する鳥「クマゲラ」をイメージしたデザインで、オレンジ色がまぶしい。

北前船《きたまえぶね》の風待ち湊《みなと》として栄えた**深浦**《ふかうら》を過ぎると、**千畳敷**《せんじょうじき》に到着。15分の観光停車があり、目の前に広がる**千畳敷海岸**を散策できる。岩が隆起して畳のようになっていることからその名が

【快速「リゾートしらかみ」】運行日：4月～11月のほぼ毎日。12月～3月の金土休日／区間：秋田～弘前・青森／料金：指定席530円（全車指定席）／予約：乗車1か月前より

モデルプラン

駅名	発着時刻	路線名・観光スポット
1日目		
仙台	06:44発	東北線普通
小牛田	07:29着	
小牛田	07:40発	東北線普通
一ノ関	08:27着	
一ノ関	08:56発	東北線普通
北上	09:34着	
北上	09:55発	北上線快速
横手	11:09着	
横手	11:47発	奥羽線普通
秋田	13:04着	食事
秋田	13:57発	奥羽・五能線快速「リゾートしらかみ5号」（指定席料金530円）
ウェスパ椿山	16:09着	
ウェスパ椿山		送迎バス
黄金崎不老ふ死温泉		宿泊
2日目		
黄金崎不老ふ死温泉	08:00発	弘南バス（運賃810円）
奥十二湖駐車場（青池）	08:45着	十二湖散策:約3時間半
奥十二湖駐車場（青池）	12:15発	弘南バス（運賃370円）
十二湖駅前	12:30着	
十二湖	13:04発	五能線快速「リゾートしらかみ3号」（指定席料金530円）
弘前	15:49着	市内観光、宿泊
3日目		
弘前	09:02発	奥羽線普通（運転日注意）
大館	09:44着	
大館	10:29発	花輪線普通（IGR線運賃660円*）
盛岡	13:56着	食事
盛岡	15:01発	東北線普通
一ノ関	16:32着	
一ノ関	16:39発	東北線普通
小牛田	17:26着	
小牛田	17:31発	東北線普通
仙台	18:18着	

*好摩駅〜盛岡間で第三セクターIGRいわて銀河鉄道の運賃660円が別途必要。

付いた。

鯵《あじ》ケ《が》沢《さわ》を出ると**津軽平野**に入り、右窓に**岩木山**が見えてくる。**弘前**に15時49分着。見どころ豊富な城下町なので、ここで下車して宿泊しよう。

3日目は、弘前から花輪《はなわ》線経由で仙台に戻る。途中、**盛岡**で休憩して**冷麺**を食べて、18時18分に仙台に到着する。

プラン17
東京発
1泊2日

「SLばんえつ物語」で鉄道の歴史をたどる旅へ

青春18きっぷ
2回分使用

磐越西《ばんえつさい》線は郡山～新津《にいつ》間を結び、会津若松で系統が分かれている。西半分の会津若松～新津間は非電化のローカル区間で、「森と水とロマンの鉄道」という愛称が付けられた。**阿賀野川**《あがのがわ》に沿って**会津盆地**から**新潟平野**までの川沿いを走り、山紫水明《さんしすいめい》が鮮やかだ。

　この区間を走るのが、快速「ＳＬばんえつ物語」である。運行区間は「森と水とロマンの鉄道」の全線にあたる、新津～会津若松間の１１１㎞。日本最長距離を走るＳＬ列車として知られ、所要時間は片道約３時間半。乗りごたえ十分だ。

　発着地である**新津**には、地方の鉄道博物館としては屈指の規模を誇る**「新津鉄道資料館」**がある。２００系新幹線、Ｃ57形機関車、４８５系電車など、新潟県にまつわる車両や貴重な資料が公開されている。鉄道資料館を訪れてからＳＬ列車に乗れば、鉄道の歴史をたどる旅ができるというわけだ。

　東京から新津へは、高崎線、上越線、信越線を乗り継いで約7時間。**東京**を朝６時20分に出れば、13時36分に新津に着ける。新津駅から鉄道資料館へは2㎞ほど離れており、バス便は多くないので、タクシーを使おう。開館時間は17時まで。夜は新津に泊まってもよいし、宿の豊富な新潟市内でもいい。新津駅から新潟駅までは、普通列車で20分ほどだ。

翌朝、「SLばんえつ物語」の**新津発**は10時3分。ホームでは駅弁の立ち売りがあり、SLの旅を盛り上げてくれる。ぜひ、名物の**「SLばんえつ物語弁当」**を買っておこう。明治30年創

「SLばんえつ物語」ルート

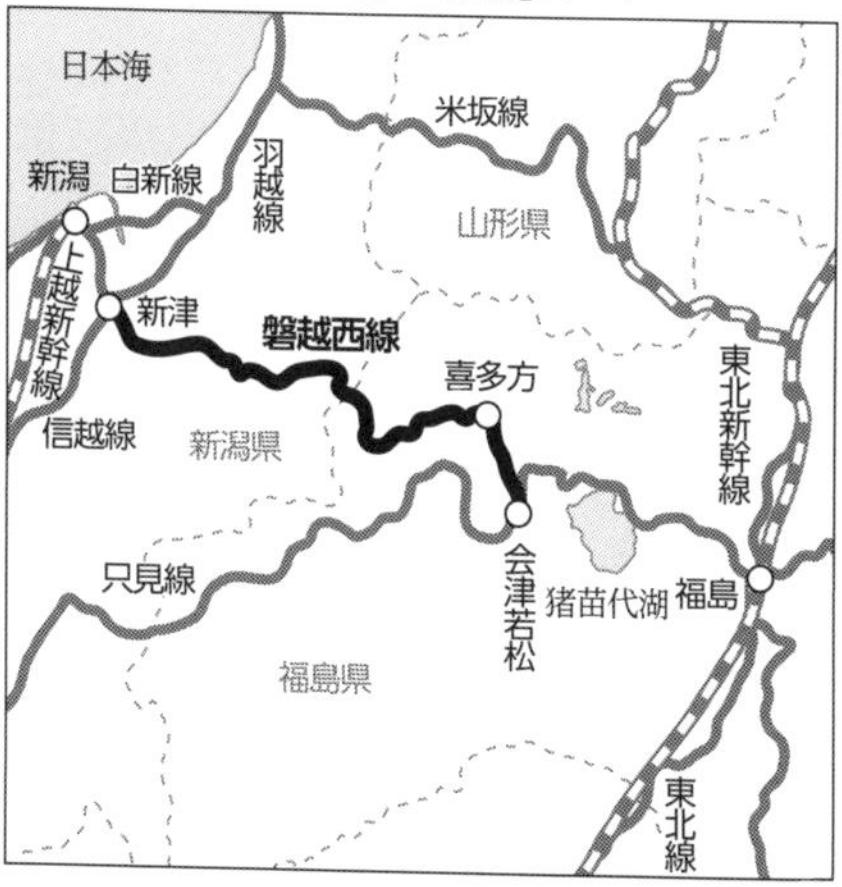

一ノ戸川橋梁を渡る「SLばんえつ物語」

普通車両の車内

【快速「SLばんえつ物語」】運行日：4月～11月の土休日／区間：新津～会津若松／料金：指定席530円（全車指定席。グリーン車は「青春18きっぷ」では乗車不可）／予約：乗車1か月前より

業の老舗《しにせ》「神尾《かみお》弁当部」の製造だ。

牽引機は「貴婦人」の愛称で知られるC57形。「ＳＬやまぐち」（99ページ参照）の同型機だ。客車は国鉄12系客車をリニューアルした７両編成。１号車と４号車が展望車両、２、３、５、６号車が普通車指定席、７号車がグリーン車という配置だ。

２両ある展望車両のうち、１号車は「オコジョルーム」というキッズスペースになっている。オコジョとは「ＳＬばんえつ物語」のキャラクターだ。４号車は、側面の窓が大きくとられたサロンスペース。売店があり、土産物のほか、アルコールを含むドリンクやお弁当も買える。記念スタンプや丸ポストも設置されており、ここから手紙を出すとＳＬの消印が押されて配達される。

最後尾のグリーン車にも専用の展望室が付いているが、普通車指定席券では入れない。普通車指定席は４人掛けのボックスシート。えんじ色のモケットがレトロ感を醸していて、ＳＬの旅の雰囲気を盛り上げる。

蛇行《だこう》する**阿賀野川**に沿った山間《やまあい》を進む。濃緑の水面が美しい。途中の**津川**《つがわ》で15分停車し、蒸気機関車の給水をする。途中で給水が見られるＳＬ列車は、いまとなっては珍しい。山都《やまと》で10分停車して点検を行ない、磐越西線随一《ずいいち》の撮影ポイントとして知られる**一**《いち》**ノ**《の》**戸**《と》**川**《がわ》**橋梁**《きょうりょう》を渡る。

1910年完成という歴史ある橋梁で、風雪に耐えていまも現役だ。にわかに盆地が広がると蔵のまち喜多方で、田園地帯を横切って、終点の**会津若松**に到着する。時刻はまだ14時前。会津若松を夕方まで散策しても、「青春18きっぷ」で、その日のうちに東京まで帰れる。**鶴ヶ城**などを見学して、16時20分発の列車で**郡山**に向かおう。郡山駅周辺で早めの夕食をとって、東京着は23時21分。疲れたら新幹線を使うのもよい。

モデルプラン

駅名	発着時刻	路線名・観光スポット
1日目		
東京	06:20発	高崎線普通
高崎	08:15着	
高崎	08:25発	上越線普通
水上	09:31着	
水上	09:43発	上越線普通
長岡	11:48着	食事
長岡	12:40発	信越線普通
新津	13:36着	新津鉄道資料館観光、宿泊
2日目		
新津	10:03発	磐越西線「SLばんえつ物語」（指定席料金530円）
会津若松	13:36着	会津若松市内観光：約3時間
会津若松	16:20発	磐越西線普通
郡山	17:36着	食事
郡山	18:32発	東北線普通
新白河	19:11着	
新白河	19:55発	東北線普通
黒磯	20:18着	
黒磯	20:29発	東北線普通
宇都宮	21:22着	
宇都宮	21:35発	東北線普通
上野	23:21着	

プラン18
東京発
日帰り

「びゅうコースター風っこ」で風光明媚な北茨城・奥久慈へ

青春18きっぷ
1回分使用

観光列車には2種類ある。原則として同じ線区を走る列車と、さまざまな線区を時期に応じて走る列車である。「びゅうコースター風っこ」は、後者の代表的な存在だ。

おもに東北地方で運行しており、陸羽西《りくうさい》線、石巻線、磐越西線、水郡《すいぐん》線など多彩な路線を走る。なかでも首都圏から訪れやすく人気が高いのは、水郡線を走る「奥久慈《おくくじ》号」だ。列車名は季節によって変わり、「奥久慈清流風っこ号」だったり、「風っこストーブ奥久慈号」だったりする。

「青春18きっぷ」で乗ることができるのは年に数日のみで、２０２２年8月下旬には快速「風っこ奥久慈号」が、２０２３年4月上旬には快速「春の水郡風っこ」が、それぞれ2日間運行した。

２０２３年4月を例にとると、運行区間は水戸〜磐城石川《いわきいしかわ》間。水戸駅を9時40分に出発し、磐城石川に12時21分に着く。上りは磐城石川を14時59分に出て、水戸に18時23分に戻る。トロッコ列車での往復は疲れるので、片道利用として水郡線を乗り通すプランにするといい。

上野を7時2分に出発して、約2時間で**水戸**に着く。到着したら、まずは弁当を買っておこう。水戸駅の駅弁のおすすめといえば、**「黄門弁当」**か**「水戸 印籠《いんろう》弁当」**だ。

「風っこ」の車両はキハ48形気動車を改造した2両編成である。車体側面の窓を大きくとり、

びゅうコースター風っこ

大きな窓で眺望は抜群

日本三名瀑のひとつ「袋田の滝」

【春の水郡風っこ】運行日：4月1日、2日（2023年春）／区間：水戸～磐城石川／料金：指定席530円（全車指定席）／予約：乗車1か月前より

開口部の窓ガラスは取り外されている。車内は木製座席で野趣あふれる雰囲気。座り心地《ここち》がいいとはいえないが、風を感じる車両なのであまり気にならないし、トロッコとはそういうものである。

水戸9時40分発。途中の**中舟生**《なかふにゅう》あたりまでは淡々とした平野部が続く。徐々に山あいに入り、**久慈川**に沿って遡上《そじょう》していく。鮎釣りで名高い清流だ。

モデルプラン

駅名	発着時刻	路線名・観光スポット
上野	07:02発	常磐線普通
水戸	09:01着	
水戸	09:40発	水郡線「春の水郡風っこ」（指定席料金530円）
磐城石川	12:21着	
磐城石川	15:38発	水郡線普通
郡山	16:26着	
郡山	16:30発	東北線普通
新白河	17:09着	
新白河	17:12発	東北線普通
黒磯	17:35着	
黒磯	17:43発	東北線普通
宇都宮	18:35着	食事
宇都宮	19:43発	東北線快速「ラビット」
上野	21:17着	

沿線では**袋田**《ふくろだ》**の滝**が有名で、「風っこ」の客の多くも、終点まで乗らずに袋田で下車する。つられて一緒に降りそうになるが、それも悪くない。乗り続けると、列車は分《ぶん》水嶺《すいれい》を越え、阿武隈川《あぶくまがわ》水系に入って走り、終点**磐城石川**に12時21分に着く。

前述のように、「びゅうコースター」は各路線を走っているので、タイミングを合わせて乗車すれば、水郡線に限らずさまざまな区間で楽しめる。

プラン19
東京発
日帰り

「SLぐんま みなかみ」で〝モグラ駅〟と谷川岳を訪ねる

青春18きっぷ
1回分使用

上越線は、その名の通り上州（群馬県）と越後（新潟県）を結ぶ。見どころ豊富な路線で、とくに上越国境には、長大な**新清水トンネル**や「モグラ駅」として有名な**土《ど》合《あい》駅**、さらには**ループ線**といった鉄道名所がめじろ押しだ。

SLぐんま みなかみ

そんな上越線を走る観光列車が「ＳＬぐんま みなかみ」である。高崎から、上越国境の手前の水上までを走る。2章で紹介した「ＳＬ／ＥＬレトロぐんま横川」（64ページ参照）と同じ蒸気機関車（Ｄ51形かＣ61形）を使っているが、こちらには電気機関車の補機が付かない。

ただ、日によって、電気機関車やディーゼル機関車で運転されることもあり、「ＥＬぐんまみなかみ」や「ＤＬぐんまみなかみ」といった列車名になる。

土合駅ホームから地上へと続く階段

谷川岳ロープウェイ

車両は旧型客車か12系客車。旧型客車の場合は列車名が「SLレトロぐんま水上」で、12系客車の場合は「SLぐんま みなかみ」となる。

2章で「レトロぐんま横川」を紹介したので、ここでは12系の「ぐんま みなかみ」に乗ることにしよう。12系は国鉄時代の急行用客車で、4人掛けのクロスシートだ。

高崎を9時56分に発車。途中、**渋川**《しぶかわ》で約20分間の停車時間があるので、下車してゆっくりSLを撮影するとよい。渋川を出ると上り勾配が厳しくなり、徐々に上越国境の山々が近づいてくる。

沼田付近では、車窓から見える利根川上流の**河**《か》**岸**《がん》**段丘**が見事だ。立ち並ぶ温泉旅館が見えて

【SLぐんま みなかみ】運行日：金土休日の一部／区間：高崎〜水上／料金：指定席530円（全車指定席）／予約：乗車1か月前より

くると、終点の**水上**。改札を出て駅前通りを少し歩くと「**SL転車台広場**」があり、SLが回転する様子が見られる。

越後湯沢方面行きの普通列車に乗り継ぐと、8分で**土合**の地下駅に着く。地上までの階段は462段でエレベーターはなし。

息を切らせて地上に出て、駅舎で少し休んだら、**谷川岳ロープウェイ**行きのバスに乗りこむ。ロープウェイとリフトで山上の**天神平**まで登れば、展望台から上越国境の山々を見渡せる。

帰路は、土合を17時19分に出る列車に乗れば、関東近郊で唯一の**ループ線**を味わえる。

この列車は不定期運転だが、運転していない日は、バスで水上まで出れば高崎行きの列車に乗ることができる。

モデルプラン

駅名	発着時刻	路線名・観光スポット
上野	07:24発	高崎線普通
高崎	09:17着	
高崎	09:56発	上越線「SLぐんま みなかみ」(指定席料金530円)
水上	12:03着	
水上	13:32発	上越線普通
土合	13:40着	
土合	14:35発	関越交通バス(運賃210円)
谷川岳ロープウェイ	14:42着	天神平観光、ロープウェイ(往復3,100円)
谷川岳ロープウェイ	17:03発	関越交通バス(運賃210円)
土合	17:06着	
土合	17:19発	上越線普通(運転日注意)
水上	17:33着	
水上	17:45発	上越線普通
高崎	18:48着	
高崎	19:04発	高崎線普通
東京	21:00着	

プラン20
東京発
1泊2日

「ナイトビュー姨捨」で日本三大車窓の夜景を見に行く

青春18きっぷ
2回分使用

篠ノ井線の**姨捨**《おばすて》は、日本三大車窓に数えられる鉄道名所だ。長野県千曲《ちくま》市の標高５５１ｍの山腹《さんぷく》に位置し、急峻《きゅうしゅん》な地形もあって、列車はスイッチバックでこの駅に出入りする。ホームに立つと、**善光寺平**《ぜんこうじだいら》と呼ばれる千曲川沿いの雄大な景観に息をのむ。昼の眺望も素晴らしいが、夜景もことのほか美しい。

その夜景を見に行く観光列車が「ナイトビュー姨捨」である。長野〜姨捨間21・8㎞を約30分で走る列車で、おもに夏季の土曜日に運転されている。

長野18時47分発。車両はハイブリッド気動車ＨＢ-Ｅ３００系「リゾートビューふるさと」の2両編成である。リクライニングシートの座席間隔は１２０㎝あり、グリーン車並みにゆったりしている。

客室に設けられたモニターでは、運転席からの風景が映し出され、リゾートアテンダントによる車内販売がある。「ナイトビュー姨捨弁当」という限定商品を売っていることがあるので、尋《たず》ねてみるとよい。

姨捨の1つ前の**稲荷山《いなりやま》駅**を過ぎると、列車は出力を上げて勾配を駆け上る。8㎞あまりで、190mの高低差を一気に上り、**姨捨**に19時22分到着。ホームに降りると、すぐに**善光寺平**のまばゆい夜景が目に入る。展望デッキでは、到着に合わせて、地元のボランティアガイドが夜景の案内をしてくれる。姨捨伝説にまつわる民話の語り部もある。1時間ほど滞在して夜景を堪能すると、長野に向かって折り返す。

東京から訪れる場合、長野へは中央線の普通列車で乗車時間は6時間ほど。「ナイトビュー姨

「ナイトビュー姨捨」ルート

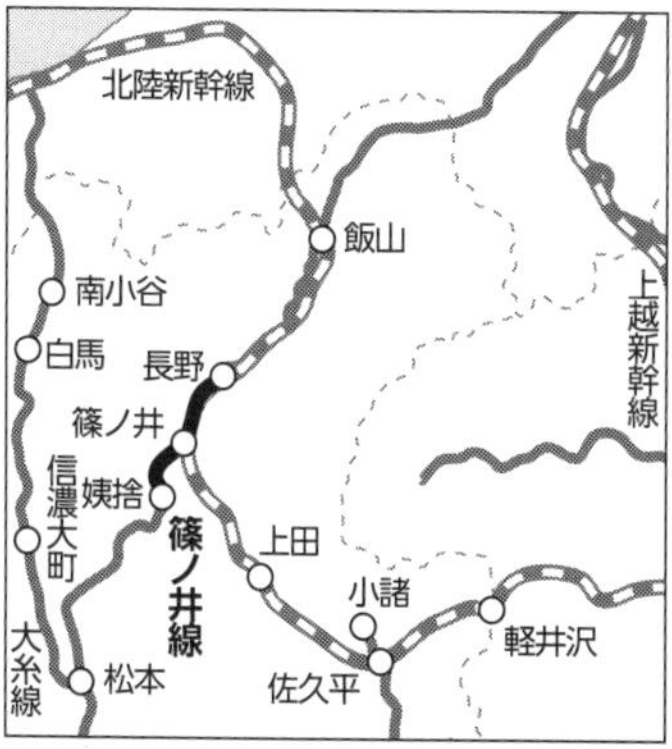

ナイトビュー姨捨

姨捨駅から善光寺平を望む

【快速「ナイトビュー姨捨」】運行日：主に6月〜9月の土曜日／区間：長野〜姨捨／料金：指定席530円（全車指定席）／予約：乗車1か月前より

捨」は、長野を18時47分に出るので、東京を午前中に出て、**松本城**観光でもしながら来るとちょうどいい。帰路は**長野**に1泊して、飯山線・上越線経由で帰るとルートにバリエーションが出る。

ちなみに「日本三大車窓」とは、姨捨付近のほか、根室線の旧狩勝《かりかち》峠、肥薩線の矢岳《やたけ》付近を指す。しかし、根室線の旧狩勝峠付近は廃止され、肥薩線の矢岳付近は災害による長期不通となっていて、現在乗車できるのは姨捨付近のみである。

モデルプラン

駅名	発着時刻	路線名・観光スポット
1日目		
東京	08:34発	中央線快速
高尾	09:35着	
高尾	09:57発	中央線普通
松本	13:51着	食事、松本城観光:約2時間半
松本	16:34発	篠ノ井線普通
長野	17:50着	
長野	18:47発	篠ノ井線快速「ナイトビュー姨捨」(指定席料金530円)
姨捨	19:22着	
姨捨	20:29発	篠ノ井線快速「ナイトビュー姥捨」(指定席料金530円)
長野	20:57着	宿泊
2日目		
長野	10:29発	飯山線普通(しなの鉄道運賃260円*)
越後川口	14:06着	
越後川口	14:14発	上越線普通
水上	15:48着	温泉入浴:約2時間
水上	17:45発	上越線普通
高崎	18:48着	食事
高崎	19:33発	高崎線快速「アーバン」
上野	21:08着	

*長野〜豊野間は「しなの鉄道」の運行区間であるため、別途運賃260円が必要。

プラン21
大阪発
1泊2日

「奥出雲おろち号」でのんびりローカル線の旅

青春18きっぷ
2回分使用

木次《きすき》線は見どころ豊富なローカル線である。出雲坂根《いずもさかね》駅には**三段式スイッチバック**があり、ホームには名水が湧《わ》いている。亀嵩《かめだけ》駅には**雲州そば**の店があり、出雲横田駅の**荘厳《そうごん》な社殿づくりの駅舎**も見逃せない。そして何よりも、中国山地に分け入る奥出雲の車窓が素晴らしい。

奥出雲おろち号

その木次線を満喫できる列車が、「奥出雲おろち号」である。ＪＲ西日本が１９９８年から運行しているトロッコ列車で、日本でもっとも有名な観光列車の１つだ。

ただ、車両の老朽化で、２０２３年度をもって運行を終了することが決まっている。まさにラストチャンスを迎えているので、間に合うなら乗りに行きたい。大阪から１日かけて松江に向かい、前泊しよう。

「おろちループ」の最上部に架かる三井野大橋

「奥出雲おろち号」の起点は**木次**。日によっては延長運転をして出雲市発のこともある。ＤＥ10形ディーゼル機関車と12系客車２両の編成だ。外観は白・青・灰色で、星模様を散らしたデザインは銀河鉄道をイメージしている。

客車２両のうち、１両には窓がなく、まさしくトロッコ。木製のベンチシートを窓に向かって配置していて、風を受けながら車窓の風景が楽しめる。もう1両は窓ありのリクライニングシートで、雨が降ったときなどに避難できる「控車」である。

出発すると、爽快《そうかい》な風が車内を吹き抜けていく。長いトンネルでは天井にヤマタノオロチの電飾が浮かび上がる。**亀嵩**では、予約しておくと名物の**「そば弁当」**が買える。駅長手打ちの蕎麦で、山芋と温泉卵がトロリとして絶品だ。

出雲坂根を出ると、ハイライトの**三段式スイッチバック**が始まる。方向を変えながら、次の**三井野原**《みいのはら》までの１６０ｍを這《は》うように上っていく。右手には国道３１４号線の**「奥出雲おろち**

【快速「奥出雲おろち号」】運行日:主に4月～11月の金土休日。夏休みなどは平日も運転／区間:出雲市・木次～備後落合／料金:指定席530円(全車指定席)／予約:乗車1か月前より

ループ」の真っ赤な橋脚が現れる。
木次から約2時間半で、終点・**備後《びんご》落合《おちあい》**だ。芸備《げいび》線と木次線が合流するターミナル駅だが、各路線の利用者数はきわめて少ない。駅周辺には民家が数軒と郵便局があるだけで、「奥出雲おろち号」が折り返していったあとは静寂に包まれる。何もすることがないが、山間の小さな駅でのんびり過ごすのも悪くはない、と思える時間が過ぎていく。

モデルプラン

駅名	発着時刻	路線名・観光スポット
1日目		
大阪	07:23発	福知山線丹波路快速
篠山口	08:36着	
篠山口	08:37発	福知山線普通
福知山	09:29着	
福知山	10:12発	山陰線普通
城崎温泉	11:32着	
城崎温泉	11:56発	山陰線普通
鳥取	13:57着	食事
鳥取	14:41発	山陰線普通
米子	17:33着	
米子	17:47発	山陰線普通
松江	19:06着	宿泊
2日目		
松江	07:49発	山陰線普通
宍道	08:11着	
宍道	09:09発	木次線普通
木次	09:43着	
木次	10:08発	木次線「奥出雲おろち号」(指定席料金530円)
備後落合	12:36着	
備後落合	14:36発	芸備線普通
新見	16:02着	
新見	16:52発	伯備線普通
岡山	18:26着	食事
岡山	19:17発	山陽線普通
姫路	20:40着	
姫路	20:55発	山陽・東海道線新快速
大阪	21:58着	

プラン22
大阪発
日帰り

「藍よしのがわトロッコ」で秘境・大歩危を目指す

青春18きっぷ
1回分使用

「四国三郎」の異名を持つ大河・**吉野川**に沿うのが徳島線だ。その名も「よしの川ブルーライン」という愛称が付いている。奇岩が並ぶ**「美濃田《みのだ》の淵」**など、吉野川沿いの景観を楽しめる路線である。

２０２０年に新たなトロッコ列車「藍《あい》よしのがわトロッコ」が運転を開始した。徳島〜阿波池田間の徳島線全線74㎞を２時間半かけて走破するトロッコ列車である。

「藍よしのがわトロッコ」の徳島発は10時32分なので、大阪を朝出て普通列車を乗り継いでも間に合わない。徳島に前泊してもいいが、高速バスなら7時台に大阪駅前を出れば10時前に着けるので、ここは別運賃で高速バスのお世話になろう。

藍色のグラデーションが目を引く車両は、キハ１８５系という特急用気動車と、キクハ32形というトロッコ車両の２両編成。主役はもちろんトロッコ車両で、キハ１８５系は「控車」の扱いだ。

キクハ32形は、最初からトロッコ用として製造された珍しい車両である。そのため、開口部が広く、座席やテーブルもしっかりしているなど、「トロッコ専用」としてよくできている。4日前までに事前予約をしておけば、車内で**「阿《あ》波《わ》尾鶏《おどり》トロッコ駅弁」**を購入できる。トロッコで風を浴びながら食べるのも、控車で落ち着いて箸を動かすのもよい。

藍よしのがわトロッコ

吉野川中流域の名勝「美濃田の淵」

吉野川と大歩危橋

【藍よしのがわトロッコ】運行日:おもに春と秋の土休日／区間:徳島～阿波池田／料金:指定席530円(全車指定席)／予約:乗車1か月前より

徳島～石井間は高速走行のためトロッコ車両には乗車できず、控車のリクライニング座席を利用する。**徳島平野**の田園地帯を20分ほど力走し、**石井**に着くとトロッコ車両が開放されるので移動しよう。

さらに平野部が続き、吉野川に本格的に沿って走るのは、**穴吹**《あなぶき》から先。青い水面とひたすら並走していく。徳島発の場合、吉野川を右に見ながら走るので、右側の席を予約することをおすすめする。

阿波池田には昼過ぎに着く。そのまま戻ってもよいが、せっかく吉野川をさかのぼってきたのだから、もう少し進んで**大歩危**《おおぼけ》まで行ってみよう。

吉野川と大歩危橋を見渡せる展望スポットに登り、渓谷の空気を吸ってからでも、その日のうちに大阪に戻れる。

モデルプラン

駅名	発着時刻	路線名・観光スポット
ハービス大阪	07:10発	南海高速バス（運賃3,800円）
徳島駅前	09:30着	
徳島	10:32発	「藍よしのがわトロッコ」（指定席料金530円）
阿波池田	12:59着	
阿波池田	13:49発	土讃線普通
大歩危	14:19着	大歩危散策：約1時間
大歩危	15:15発	土讃線
琴平	17:33着	
琴平	17:47発	土讃・予讃線普通
坂出	18:29着	食事
坂出	19:25発	瀬戸大橋線快速「マリンライナー58号」
岡山	20:03着	
岡山	20:28発	山陽線普通
姫路	21:54着	
姫路	21:56発	山陽・東海道線新快速
大阪	22:58着	

プラン23
大阪発
2泊3日

「しまんトロッコ」で日本最後の清流を体感する

青春18きっぷ
3回分使用

四万十川《しまんと》は「日本最後の清流」として名高い。その中流に沿って走るのが予土《よど》線で、「しまんとグリーンライン」という愛称が付けられている。清流を楽しむトロッコ列車が運行されていて、心地よい川風に吹かれながら素晴らしい景観を楽しめる。

予土線のトロッコ列車の歴史は古い。国鉄時代の１９８４年に、無蓋《むがい》貨車のトラ４５０００形に屋根と椅子を設置して、「清流しまんと号」として運行を開始したのが始まりだ。国鉄初の試みで、予土線はいわばトロッコ列車の本家本元である。

２０１３年に水戸岡鋭治氏のデザインで大幅なリニューアルを施《ほどこ》し、山吹色の車体となった。愛称も「しまんトロッコ」に変更されている。

「しまんトロッコ」は、定期運転の普通列車にトロッコ車両を併結して走る。運行区間は宇和島～窪川《くぼかわ》間だが、トロッコ車両に乗車可能なのは江川崎《えかわさき》～土佐大正間に限られる。トロッコ号の指定席券が必要なのもこの区間だけである。

大阪から普通・快速列車を乗り継いで**松山**に泊まり、翌早朝の列車で**宇和島**に着く。「しまんトロッコ」は9時33分発の普通列車の一般車両の後ろに連結されている。一般車両のキハ54形も水戸岡デザインで、山吹色の外観はトロッコ車両と一体的だ。**江川崎**に着くとトロッコ車両が開放され、指定席券があれば移れる。無蓋貨車はよく揺れるため、乗り心地がよいとはいえないが、それが楽しい。車内では、ボランティアの方が沿線の案内もしてくれる。

トロッコ車両開放中の列車は速度を落として進み、蛇行する**四万十川**を何度も渡る。コンク

「しまんトロッコ」ルート

しまんトロッコ

四万十川沿いをのんびりと走る

【しまんトロッコ】運行日：おもに春、夏、秋の土休日／区間：宇和島～窪川／料金：指定席530円（全車指定席）／予約：乗車の1か月前より

リートの護岸はほとんど見当たらず、大きな岩がごろごろ転がっていて荒々しい。ところどころに**沈下橋**《ちんかばし》があり、列車を降りて渡ってみたくなる。

トロッコ区間は50分ほどで終わり、**土佐大正駅**から一般車両に戻り、終点**窪川**に着く。土讃《どさん》線に乗り換えて、そのまま乗り継げば同日中に大阪に帰れるが、それでは面白くないので、**高知**に泊まって観光しよう。**高知城**の天守閣と、**土佐料理**が待っている。

モデルプラン

駅名	発着時刻	路線名・観光スポット
1日目		
大阪	08:00発	東海道・山陽線新快速
相生	09:29着	
相生	09:32発	山陽線普通
岡山	10:38着	
岡山	10:53発	瀬戸大橋線「快速マリンライナー23号」
坂出	11:34着	食事
坂出	13:30発	予讃線快速「サンポート南風リレー」
松山	17:52着	
2日目		
松山	05:51発	予讃線普通
宇和島	09:10着	
宇和島	09:33発	予土線「しまんトロッコ2号」(指定席料金530円、くろ鉄運賃210円*)
窪川	12:07着	食事
窪川	13:09発	土讃線普通
高知	14:55着	高知市内観光、宿泊
3日目		
高知	12:44発	土讃線普通
琴平	17:33着	
琴平	17:47発	土讃・予讃線普通
坂出	18:29着	食事
坂出	19:25発	瀬戸大橋線快速・「マリンライナー58号」
岡山	20:03着	
岡山	20:28発	山陽線普通
姫路	21:54着	
姫路	21:56発	山陽・東海道線新快速
大阪	22:58着	

*若井～窪川間は「土佐くろしお鉄道」の運行区間であるため、運賃210円が別途必要。

「青春18きっぷ」での船旅

「青春18きっぷ」はＪＲ全線に乗れる。対象になるのはほとんどが鉄道路線だが、１か所だけ航路が利用できる。ＪＲ西日本が運航している宮島《みやじま》航路だ。

広島県の宮島口駅から徒歩6分で宮島桟橋《さんばし》に着く。ここから宮島を結んでいて、片道10分程度。運賃は１８０円である。

ＪＲの航路は、「鉄道連絡船」といわれ、国鉄時代から鉄道網の一部として扱われてきた。「青春18きっぷ」が登場した当時は青函航路（青森～函館間）や宇高《うこう》航路（宇野～高松間）も残っていたので、当然のように乗船できた。その後、青函航路や宇高航路は廃止され、宮島航路だけが残った。つまり、宮島航路に乗れるのは、本州と四国・北海道を結ぶ鉄道網が連絡船によってつながれていた時代の名残《なごり》である。

ＪＲが運航している船としては、ＪＲ九州の「クイーンビートル」（博多～釜山間）もあるが、こちらは「青春18きっぷ」では乗船できない。国際航路だから乗れなくて当然という気もするし、「特急扱い」という解釈もできる。

5章

人気キャラクターに出会える
ラッピング列車の旅

ローカル線では、マンガやアニメのキャラクターが
施された列車が近年続々と登場している。
「推し」がデザインされた車両に乗って
〝聖地巡礼〟すれば、心がうれしく弾んでくる。

プラン24
札幌発
2泊3日

「ルパン三世ラッピングトレイン」で日本最東端の納沙布岬へ

青春18きっぷ
3回分使用

漫画『ルパン三世』の作者モンキー・パンチ氏は、北海道浜中《はまなか》町の出身。浜中町を通る花咲《はなさき》線（根室線の釧路～根室間の愛称）では、キハ54形のルパン三世のラッピング車両が２０１２年から走っている。また、花咲線は「地球探索鉄道」という愛称もあり、それにちなんだキハ54形ラッピング車両も運行している。

さらに、ＪＲ北海道は、Ｈ１００形という最新鋭の電気式気動車のラッピング車両を、石北《せきほく》線や根室線、釧網《せんもう》線などに投入している。さらにさらに、キハ40系という古い気動車を「北海道の恵み」という車両に改装している。こうした車両を乗り歩きながら道東を旅してみよう。

定期列車に組みこまれているので、車両の運用は日によって異なり、乗れるかどうかは運頼み。ただ、「ルパン三世」と「地球探索鉄道」のラッピング車両については、約半月ごとに運用予定がＪＲ北海道のホームページで公表される。いずれにせよ、旅行者に都合のいい運用になっているとは限らないので、「乗れたらラッキー」というくらいの気持ちでいるのがよい。

【ルパン三世ラッピングトレイン、地球探索鉄道ラッピングトレイン】運行日：定期列車として運行／区間：花咲線、釧網線／料金：不要（全車自由席）／予約：不要

1日目は**札幌**を早朝に出発して、函館線と石北線を乗り継いで**網走**へ。ここで狙うのは、H100形の石北線ラッピングだ。北海道の四季の移り変わりをモチーフにしている。

2日目は釧網線で**釧路**に出て、花咲線に乗り換える。H100形の釧網線ラッピングや、「森の恵み」が狙いだ。釧網線ラッピングは釧路湿原や摩周湖、流氷といった沿線風景をイメージ。「森の恵み」は、**釧路湿原**の動植物と**十勝**の実りを表現した、グリーンが鮮《あざ》やかな車体だ。

ルパン三世ラッピングトレイン

花咲線の茶内《ちゃない》で下車。バスで**浜中町総合文化センター**に行き、「モンキー・パンチ・コレクション」を見学する。バスは土休日運休、コレクションは月曜休業なので気をつけよう。近くに「ゆうゆ」という日帰り温泉施設があるので温まり、花咲線で根室に向かう。

ここで「ルパン三世ラッピング」に会えればラッキーだ。ルパンのほか、次元大介、石川五右衛門、峰不二子、銭形警部といったおなじみのキャラクターが躍動《やくどう》する。

根室に泊まり、3日目は朝からバスで日本最東端の**納《の》沙《さっ》布《ぷ》岬**を往復する。北方領土への想いを馳《は》せつつ、花咲線で釧路へ戻る。

【H100形ラッピングトレイン】運行日：定期列車として運行／区間：石北線、釧網線、根室線、花咲線など／料金：不要（全車自由席）／予約：不要

モデルプラン

駅名	発着時刻	路線名・観光スポット
1日目		
札幌	05:54発	函館線普通
旭川	08:54着	
旭川	09:16発	石北線普通
上川	10:16着	
上川	11:08発	石北線普通
遠軽	12:38着	
遠軽	13:00発	石北線普通
網走	16:01着	宿泊
2日目		
網走	06:41発	釧網線普通
釧路	10:00着	
釧路	11:12発	根室線快速「ノサップ」
茶内	12:18着	
茶内駅	12:25発	浜中町営バス(土休日運休、運賃200円)
浜中町役場前	12:49着	モンキー・パンチ・コレクション、食事、霧多布温泉ゆうゆ入浴:約4時間
ゆうゆ	16:50発	浜中町営バス(土休日運休、運賃200円)
茶内	17:25着	
茶内	17:32発	根室線普通
根室	18:49着	宿泊

駅名	発着時刻	路線名・観光スポット
3日目		
根室駅前	08:20発	根室交通バス(運賃1,090円)
納沙布岬	09:04着	
納沙布岬	09:55発	根室交通バス(運賃1,090円)
根室駅前	10:39着	
根室	11:03発	根室線快速「はなさき」
釧路	13:19着	食事
釧路	14:18発	根室線普通
帯広	16:41着	
帯広	17:05発	根室線普通
新得	17:53着	食事
新得	18:37発	根室線代行バス
東鹿越	19:46着	
東鹿越	19:57発	根室線快速
滝川	21:33着	
滝川	21:40発	函館線普通
岩見沢	22:18着	
岩見沢	22:34発	函館線普通
札幌	23:16着	

※富良野～新得間は2024年3月末で廃止予定。転換バスが走るが、「青春18きっぷ」での利用はできなくなる見込み。

ここでは「地球探索鉄道ラッピング」にめぐり会いたい。

モデルルートでは3日目に札幌へ帰るが、日程的にはハードだ。**新得**あたりから特急を利用してもいいし、無理に3日で帰らずに、**帯広**や**富良野**に立ち寄って、もう1泊するのもいい。

【森の恵み】運行日:定期列車として運行／区間:根室線など／料金:不要(全車自由席)／予約:不要

プラン25
仙台発
日帰り

ファン垂涎！南三陸を「ポケモントレイン気仙沼」でたどる

青春18きっぷ
1回分使用

キャラクターをテーマにした列車のなかで、抜群の人気を誇るのが「POKÉMON with YOU トレイン」（ポケモントレイン）である。おもに快速「ポケモントレイン気仙沼」という列車で、大船渡線の一ノ関～気仙沼間を運行している。

東日本大震災復興支援事業の一環として２０１２年に運行を開始。２０１７年にリニューアルし、ピカチュウを前面に打ち出したデザインで人気を博している。基本的にはファミリー向けの列車で、乗客の主役は子どもだが、ポケモン好きは大人にも多いので、たとえおじさんが１人で乗っても違和感はない。

仙台を8時11分の列車で出て、**小牛田**《こごた》で乗り継いで9時52分**一ノ関**着。１時間ほど待って、「ポケモントレイン気仙沼」は11時1分に発車する。キハ１００形気動車を改造した2両編成で、ピカチュウをイメージした黄色い外観だ。

１号車はクロスシートの指定席で、シートはピカチュウ柄《がら》、天井や壁にもピカチュウのシルエットが描かれているなど、全面的にピカチュウ仕様である。2号車はプレイルームで、ピカチュウのぬいぐるみや遊具が置かれ、子どもたちが遊べるようになっている。大人が遊んでも構わないようだが、肩身が狭そうだ。

いくつかの途中駅では数分の停車時間があり、特製のスタンプを押して回る楽しみもある。駅名表示板などもポケモンデザインで、走行区間すべてが「ポケモン線」になっているかのよ

「ポケモントレイン気仙沼」ルート

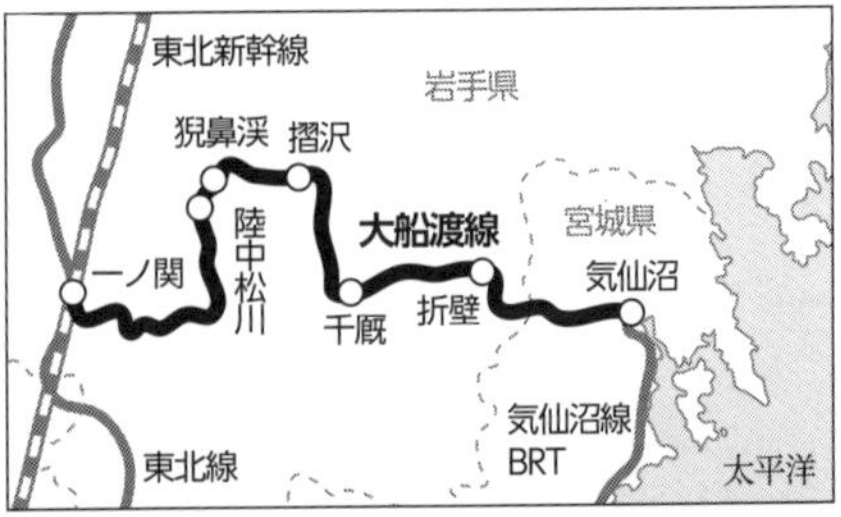

ポケモントレイン気仙沼

「海の市」（右下の建物）と気仙沼港

【快速「ポケモントレイン気仙沼」】運行日：おもに土休日／区間：一ノ関～気仙沼／料金：指定席530円（全車指定席）／予約：乗車1か月前より

うだ。ファンにはたまらない路線であろう。

終点・**気仙沼**は三陸の港町である。**「海の市」**という観光名所があり、気軽に入れる寿司店に立ち寄れる。駅からは離れているのでタクシーを使うとよい。三陸の海の幸を味わったあとは、気仙沼線で仙台方面に戻ろう。気仙沼線は東日本大震災で被災し、気仙沼～柳津《やないづ》間はBRT（バス高速輸送システム）に置き換えられているが、「青春18きっぷ」で乗車できる。**柳津**で列車に乗り換えて、**石巻**から仙石《せんせき》東北ラインに乗ると、海沿いの旅が楽しめる。

モデルプラン

駅名	発着時刻	路線名・観光スポット
仙台	08:11発	東北線普通
小牛田	08:58着	
小牛田	09:06発	東北線普通
一ノ関	09:52着	
一ノ関	11:01発	大船渡線快速「ポケモントレイン気仙沼」（指定席料金530円）
気仙沼	12:52着	食事
気仙沼	14:15発	気仙沼線BRT
柳津	16:04着	
柳津	16:26発	気仙沼線普通
前谷地	16:46着	
前谷地	16:48発	石巻線普通
石巻	17:07着	
石巻	17:53発	仙石東北ライン快速
仙台	18:51着	

気仙沼線BRT

プラン26
仙台発
日帰り

「マンガッタンライナー」で石ノ森章太郎の世界へ

青春18きっぷ
1回分使用

石ノ森章太郎氏は『サイボーグ００９』『仮面ライダー』など数々のヒット作を生み出した漫画界の巨匠として知られる。ゆかりのある石巻市に**石ノ森萬《まん》画《が》館《かん》**があり、仙台〜石巻間の仙石線と仙石東北ラインに「マンガッタンライナー」というラッピング列車が運転されている。

仙石線２０５系の2編成と、東北仙石ラインのＨＢ-Ｅ２１０系1編成の計3編成がある。「仙石線マンガッタンライナーⅠ」は「サイボーグ００９」「仮面ライダー」「ゴレンジャー」「ロボコン」の4車両で構成。「仙石線マンガッタンライナーⅡ」は「サイボーグ００９」「時代劇」「コメディ」「ヒーロー」の4車両。最新の「仙石東北ラインマンガッタンライナー」は4両のうちの2両分にラッピングが施され、「夢」「風」の2車両で構成されている。

基本的には定期列車として運用されているので、いつ、どの列車が「マンガッタンライナー」になるかはわからない。ただ、毎週日曜日の仙石線には、「マンガッタンライナー車両」で運行する列車が1往復だけ設定されていて、それを選べば確実に乗ることができる。

仙石線の始発駅である**あおば通駅**を10時48分に出る。

仙石線は、仙台近郊こそ大都市の通勤路線だが、**本塩釜**を過ぎたあたりから景勝地を走る観光路線の顔を見せる。なかでも、日本三景の1つ、**松島**の車窓は、短い区間だが圧巻だ。石巻には12時14分に到着する。**石ノ森萬画館**は、駅から**石巻マンガロード**を約1㎞。館内には貴重な原画はもちろん、石ノ森ワールドを再現した展示やアトラクションなどがある。ライブラリ

仙石線マンガッタンライナーⅡ

北上川が流れる中瀬に建つ「石ノ森萬画館」

松尾芭蕉をも魅了した松島

【マンガッタンライナー】運行日：定期運行（日曜日は特定便運行あり）／区間：仙台・あおば通～石巻／料金：不要（全車自由席）／予約：不要

ーでは漫画も閲覧できる。

見学後は石巻線に乗って、**女川**《おながわ》まで足を延ばしてみよう。駅に併設されている**「女川温泉ゆぽっぽ」**に入浴し、軽く夕食をとって小牛田経由で**仙台**に戻る。なお、仙台～石巻間の普通運賃は片道８６０円なので、単純に往復するだけなら「青春18きっぷ」を使う意味はない。モデルプランの通り、女川まで足を延ばしても２３６０円なので、普通にきっぷを買うほうが少し安い。したがって、「青春18きっぷ」が余っているとき向けのプランである。

モデルプラン

駅名	発着時刻	路線名・観光スポット
あおば通	10:48発	「仙石線マンガッタンライナー」
石巻	12:14着	食事、石ノ森萬画館観光:約2時間半
石巻	15:59発	石巻線普通
女川	16:25着	女川温泉ゆぽっぽ入浴:約1時間半
女川	17:52発	石巻線普通
小牛田	19:10着	
小牛田	19:18発	東北線普通
仙台	20:04着	

女川温泉ゆぽっぽ

列車出発の直前まで、温泉で休める

プラン27
大阪発
日帰り

「戦国ラッピング列車」で朝倉氏が築いた一乗谷遺跡へ

青春18きっぷ
1回分使用

福井県の**一乗谷《いちじょうだに》**には、戦国時代の城下町の町並みを復元した遺跡がある。戦国時代の城跡なら全国各地にあるが、城下町の町並みまで復元されているのはここだけだ。展示施設として**一乗谷朝倉氏遺跡博物館**も2022年に完成した。戦国期の朝倉氏館を原寸で再現した展示が目玉である。

アクセスとなる越美北《えつみほく》線には「戦国ラッピング列車」が走っている。黒をベースに、蒔絵《まきえ》のようなタッチで金色や朱色を使ったデザインがきらびやか。一般列車として運行されているので、行ってみるまで乗れるかどうかはわからない。ただ、越美北線は1日上下15本しか運行していないので、適当に乗っても「当たる」確率は小さくない。

大阪を7時45分に出る新快速で**敦賀**へ。一度の乗り換え

一乗谷朝倉氏遺跡のシンボル「唐門」

で**福井**に着ける。駅に近い**福井城**を散策し昼食をとってから、12時50分発の越美北線で**一乗谷**を目指そう。福井市街地を抜け、田園地帯を進み、左右に山並みが迫ってきたら、一乗谷駅である。駅から博物館までは徒歩3分ほどと近い。**復原町並**へは2㎞ほど離れているので、先に町並みを見学してから、博物館に戻ると時間配分がしやすい。

　復原町並は中世の姿がよく再現されていて、リアルな戦国時代にタイムスリップしたかのよう。復原された武家屋敷や町家の内部に入って展示を見ることもでき、当時の生活の様子をう

「戦国ラッピング列車」ルート

戦国ラッピング列車

福井城は本丸の石垣と堀のみが残る

【戦国ラッピング列車】運行日：定期列車として運行（運用は非公開）／区間：福井～九頭竜湖／料金：不要（全車自由席）／予約：不要

かがえる。博物館の朝倉氏館の再現展示と合わせると、４００年の時を経て、戦国時代を旅した気分になれてしまうほどだ。閉館直前まで見学して、17時45分発の列車で一乗谷を出る。帰りに「戦国ラッピング列車」に乗れれば、旅のいい締めくくりになりそうだ。

そのほか、越美北線には、青緑色が特徴の「一乗谷 DISCOVERY PROJECT」ラッピングと、**九《く》頭《ず》竜《りゅう》湖**にかかる「夢のかけはし」をイメージしたラッピングトレインがある。

モデルプラン

駅名	発着時刻	路線名・観光スポット
大阪	07:45発	東海道・湖西線新快速
敦賀	09:50着	
敦賀	09:53発	北陸線普通
福井	10:50着	福井城観光、 食事：2時間
福井	12:50発	越美北線普通
一乗谷	13:07着	一乗谷遺跡、 博物館観光：約4時間半
一乗谷	17:45発	越美北線普通
福井	18:03着	食事
福井	19:01発	北陸線普通
敦賀	19:51着	
敦賀	19:53発	北陸線普通
米原	20:44着	
米原	20:54発	東海道線新快速
大阪	22:17着	

一乗谷朝倉氏遺跡の「復原町並」

プラン28
大阪発
1泊2日

「名探偵コナン列車」「鬼太郎列車」で人気アニメの世界に浸る

青春18きっぷ
2回分使用

『名探偵コナン』作者の青山剛昌《ごうしょう》氏は、鳥取県北栄町《ほくえいちょう》の出身である。『ゲゲゲの鬼太郎』作者の水木しげる氏は、同県境港《さかいみなと》市の出身である。鳥取県が生んだ2人の人気漫画家の作品が、ラッピングトレインとして県内を走っている。

「名探偵コナン列車」はキハ１２６系気動車で、「探偵編成」と「青赤編成」がある。おもに山陰線鳥取～米子間の運行だ。「鬼太郎列車」はキハ40形気動車で、境線米子～境港間の運行である。「鬼太郎列車」に加え、「ねずみ男列車」「ねこ娘列車」「目玉おやじ列車」「こなき爺《じじい》列車」「砂かけ婆《ばばあ》列車」の6種類が各1両ある。これらの路線を乗り継ぎ、作者ゆかりの地を歩きたい。

最初の目的地は、青山氏の出身地に近い山陰線の**由良《ゆら》駅**だ。２０１３年12月に愛称が**「コナン駅」**となった。近くには**「青山剛昌ふるさと館」**もある。**大阪**を朝早く出発し、福知山線と山陰線を乗り継ぐと、14時50分に着く。駅舎の看板が大きく「コナン駅」となっているのには腰を抜かす。小さく「由良駅」と添えられてはいるが、一見客《いちげんきゃく》がとまどわないか心配になる。

キャラクター像などが並ぶ**「コナン通り」**を20分ほど歩くと、青山剛昌ふるさと館だ。原画をはじめとした展示にあふれていて、コナンを満喫できる。由良駅に戻って、米子まで進んで1日目の宿にしよう。

2日目は境線で**境港**へ。米子駅では、ホームに妖怪たちのオブジェが並び、境線は「妖怪線」の雰囲気だ。鬼太郎列車の車内は昔ながらのボックスシートだが、背もたれのモケットに、妖怪がこれでもか、と描かれている。境線の各駅には妖怪の愛称も付けられていて、終点境港が**「鬼太郎駅」**。境港は「妖怪の町」を銘《めい》打《う》っていて、メインストリートの**「水木しげるロード」**には妖怪のブロンズ像が並ぶ。愛《め》でながら、**水木しげる記念館**まで歩こう。2023年3月から休館しているが、2024年春に再オープンする予定だ。昼過ぎまで滞

名探偵コナン列車（赤青編成）

鬼太郎列車

【名探偵コナン列車】運行日：定期列車として運行（運用は日により異なる）／区間：主に鳥取〜米子／料金：不要（全車自由席）／予約：不要

在して、伯備線から**岡山**経由で帰れば、大阪には20時過ぎに着く。

「名探偵コナン列車」の運用は、鳥取県のホームページ「まんが王国とっとり」で公表されている。スケジュールが合わなくても、朝夜にはどちらかの車両が米子駅に発着することが多いので、滞在中に駅に立ち寄れば眺められるかもしれない。

『ゲゲゲの鬼太郎』関連のラッピングトレインは6両あり、境線の列車のほとんどはいずれかの車両で運行しているので、当たる確率は高い。

モデルプラン

駅名	発着時刻	路線名・観光スポット
1日目		
大阪	05:55発	福知山線普通
福知山	08:19着	
福知山	08:54発	山陰線普通
豊岡	10:10着	
豊岡	10:13発	山陰線普通
浜坂	11:21着	食事
浜坂	12:00発	山陰線普通
鳥取	12:46着	
鳥取	13:10発	山陰線普通
倉吉	14:02着	
倉吉	14:40発	山陰線普通
由良	14:50着	青山剛昌ふるさと館観光:約2時間半
由良	17:38発	山陰線普通
米子	18:42着	宿泊
2日目		
米子	07:48発	境線普通
境港	08:41着	水木しげる記念館観光、食事:約4時間
境港	12:32発	境線普通
米子	13:15着	
米子	13:31発	伯備線普通
新見	15:52発	
新見	15:54着	伯備・赤穂線普通
播州赤穂	18:49着	
播州赤穂	19:01発	赤穂・山陽・東海道線新快速
大阪	20:43着	

【鬼太郎列車】運行日:定期列車として運行(運用は日により異なる)/区間:米子〜境港/料金:不要(全車自由席)/予約:不要

6章

一度は乗ってみたい！豪華列車で極上の旅

「青春18きっぷ」でJR特急や私鉄の豪華列車に乗ることはできないが、それらの列車の起点まではアプローチ可能。ちょっと贅沢して、鉄旅の楽しみが凝縮されたひとときを味わおう。

プラン29

東京発

2泊3日

「雪月花」「ワインバレー列車」「ろくもん」で信越を味わい尽くす

青春18きっぷ

3回分使用

信越エリアは観光列車の宝庫である。その代表格が、えちごトキめき鉄道の「えちごトキめきリゾート雪月花《せつげっか》」。真っ赤な車体の斬新《ざんしん》なデザインが目を引く豪華観光列車だ。また、しなの鉄道は「ろくもん」という豪華グルメ列車を運行して存在感を放つ。長野電鉄には「北信濃ワインバレー列車」という、文字通りワインが飲み放題の列車もある。

こうした私鉄・第三セクターの観光列車に「青春18きっぷ」で乗ることはできないが、「青春18きっぷ」で発着地にアプローチすることはできる。大糸線と篠ノ井線を走るＪＲの観光列車「リゾートビューふるさと」と合わせて、乗り歩くプランを紹介しよう。

1日目は、**東京**から高崎線、上越線、信越線を乗り継ぐこと7時間半。**直江津**に宿泊する。

翌朝、えちごトキめき鉄道で**上越妙高**へ。「雪月花」利用日は、同社の路線が乗り放題になるので、直江津～上越妙高間の別途運賃は不要である。

「雪月花」は2両編成のディーゼルカー。観光列車としては珍しい新製車両で、２０１６年に落成した。デザインは川西康之《かわにしやすゆき》氏をはじめとしたイチバンカン。1号車は窓側を向いたカウンター形式の座席配置で、2号車は大きなテーブルを配したボックスシート。いわゆる「レストラン・カー形式」の座席配置だ。一人旅は1号車利用で、複数旅行の場合は1、2号車のどちらも利用できる。

「雪月花」の自慢は、地元食材を使った贅沢な食事。ウェルカムドリンクのスパークリングワインをいただいたあとに、地元の名店がプロデュースしたフレンチや和洋中の料理を楽しめる。2号車には「さくらラウンジ」があり、沿線の地酒やワイン、ソフトドリンク・オリジナルグッズを購入できる。

列車の運行経路は日によって異なるが、標準的なコースは**妙高高原**まで往復し、**直江津**を経

えちごトキめきリゾート雪月花

木のぬくもりを感じられる車内

【えちごトキめきリゾート雪月花】運行日：土休日など／区間：上越妙高〜妙高高原〜糸魚川／料金：24,800円／予約：えちごトキめき鉄道ウェブサイトより

由して**糸魚川**《いといがわ》に至るというもの。途中の**二本木**《にほんぎ》はスイッチバックの駅で、ホームで物品販売などのおもてなしの時間もある。

「雪月花」で贅沢な時間を過ごしたあと、**糸魚川**から大糸線のディーゼルカーで**南小谷**《みなみおたり》へ。ここで、「リゾートビューふるさと」に乗り継ぐ。JR東日本の信越エリアを代表する観光列車の1つだ。

ハイブリッド車両HB-E300系気動車を使用した2両編成。「ナイトビュー姨捨《おばすて》」の項（126ページ参照）で紹介したが、全席リクライニングシートで、シートピッチ（前後間隔）がグリーン車並みに広く、ゆったりと足を伸ばしてくつろげる。運転室の後方が展望室になっており、前方や後方の眺望も楽しめ、郷土芸能などの車内イベントもある。

「リゾートビューふるさと」の長野発の列車は**姨捨駅**での眺望タイムや、**穂高**《ほたか》**駅**での神社参拝タイムが取られている。南小谷発の列車はそうしたイベントタイムはなく、信濃大町と松本で短い停車時間があるだけ。少し寂しいが、そのぶん、スムーズに長野に到着する。

長野で1泊して、翌朝は長野電鉄の特急「スノーモンキー」で**湯田中**《ゆだなか》へ。JR「成田エクスプレス」の旧車両を使用した特急列車で快適だ。**湯田中温泉**で休憩後、11時20分発の「北信濃ワインバレー列車」に乗りこむ。約70分間の乗車中に、長野県産ワインが飲み放題という夢の

【リゾートビューふるさと】運行日：金土休日など。夏季は平日も運行、冬季は金曜運休／区間：長野〜南小谷／料金：指定席530円（全車指定席）／予約：乗車1か月前より

ような列車である。

車両は、元小田急ロマンスカーのＨｉＳＥ。４両編成で、このうちの１両が「北信濃ワインバレー列車」となる（予約状況によっては２両になることも）。残りの車両は「特急ゆけむりのんびり号」として、特急券のみで乗車できる列車の扱いである。

「ワインバレー列車」は、県産ワイン飲み放題だけでなく、沿線の名店の弁当が供される。地

北信濃ワインバレー列車（特急ゆけむり）

車内は窓上装飾と赤いヘッドレストが特長

ろくもん

【北信濃ワインバレー列車】運行日：土休日など／区間：長野〜湯田中／料金：6,000円／予約：長野電鉄ウェブサイトより

長野県産の木材を多用した車内

元の美味をおつまみに、ワインを目いっぱい楽しもう。ほろ酔い気分で長野に戻り、つぎの狙いは「ろくもん」。しなの鉄道が誇る人気観光列車である。国鉄115系電車を1億円かけて改造した豪華車両だ。

食事付きプランと、乗車券と指定席券だけで乗れるプランがある。「ワインバレー列車」で弁当とワインをたっぷりいただいたあとだが、せっかく「ろくもん」に乗るのだから、何か味わいたいもの。

「小昼（おこびれ）コース」というスイーツ提供のプランがあり、ちょうどいい。スイーツとはいえ、二段重ねのお重で提供されるボリュームたっぷりの内容である。**軽井沢**まで2時間以上かけて信濃路をゆっくり走るので、車内販売の抹茶もオーダーして、ゆっくりいただこう。**浅間山**を車窓に望みつつ、軽井沢に到着。バスで**碓氷峠**を越えて**横川**に出れば、「青春18きっぷ」で東京まで同日中に帰れる。

「雪月花」「ワインバレー列車」「ろくもん」のお値段は、いずれもお高めだ。格安旅行の代名詞ともいえる「青春18きっぷ」との組み合わせはアンバランスに感じるかもしれない。しかし、

【ろくもん】運行日：月、金、土休日など／区間：軽井沢～長野／料金：9,800円～（コースにより異なる）＋1,020円（指定席券＋乗車券、全車指定席）／予約：しなの鉄道ウェブサイトより

モデルプラン

駅名	発着時刻	路線名・観光スポット
1日目		
東京	09:38発	高崎線普通
高崎	11:41着	
高崎	12:02発	上越線普通
水上	13:08着	食事
水上	13:32発	上越線普通
長岡	15:32着	
長岡	15:44発	信越線普通
直江津	17:11着	宿泊
2日目		
直江津	08:43発	えちごトキめき鉄道快速
上越妙高	08:59着	
上越妙高	10:35発	えちごトキめき鉄道「雪月花」(運賃・料金24,800円)
糸魚川	13:16着	
糸魚川	13:23発	大糸線普通
南小谷	14:25着	
南小谷	15:16発	大糸・篠ノ井線快速「リゾートビューふるさと」(指定席料金530円)
長野	18:31着	宿泊

駅名	発着時刻	路線名・観光スポット
3日目		
長野	09:53発	長野電鉄特急「スノーモンキー」(運賃・料金1,290円)
湯田中	10:37着	
湯田中	11:20発	長野電鉄「北信濃ワインバレー列車」(運賃・料金6,000円)
長野	12:30着	
長野	13:36発	しなの鉄道「ろくもん」(運賃・料金9,800円)
軽井沢	15:48着	
軽井沢	16:30発	JRバス(運賃520円)
横川	17:04着	
横川	17:21発	信越線普通
高崎	17:53着	
高崎	17:59発	高崎線普通
東京	20:00着	

ローカル線をゆっくり楽しむという点では同じ方向性で、メリハリのある旅として面白い。

往路の東京～上越妙高間と、復路の軽井沢～東京間を新幹線にすれば、2日間の日程でラクに旅行することができる。ただ、そうなると、「青春18きっぷ」はあまり関係なくなってしまうが。

プラン30
東京発
日帰り

「富士山ビュー特急」で世界遺産の麓を駆けながらスイーツを

青春18きっぷ
1回分使用

富士山麓《さんろく》電気鉄道富士急行線の看板列車が「富士山ビュー特急」だ。かつて特急「あさぎり」で使用されていたＪＲ東海の３７１系電車を、水《み》戸《と》岡《おか》鋭《えい》治《じ》氏のデザインによりリニューアル。８５００系と改称して運行している。

3両編成の1号車が全席指定の特別車両で、土休日には**「スイーツプラン」**がある。「ハイランドリゾートホテル＆スパ」のパティシエが手がける特製スイーツが提供されるプランだ。スイーツが不要なら、座席指定だけで乗車することも可能である。

運行区間は、大月から河口湖で、1日に2往復する。午前便は**大月**を11時49分に発車するので、**東京**を9時35分に出れば間に合う。

富士急大月駅のホームは短く、富士山ビュー特急の真っ赤なメタリックボディはひときわ目立つ。後方の2号車と3号車は自由席で、一般的なリクライニングシート。お目当ての特別車両は先頭の1号車で、アテンダントが出迎えてくれる。

車内はウッディなデザインで、ホテルカフェのような洗練された空間だ。2人掛けと4人掛けのテーブル付きボックスシートが並んでいて、スイーツプランの場合、乗車前にスイーツがテーブルに用意されている。

メニューは時季により異なるが、ケーキやエクレアなどが2種類程度。ドリンクは飲み放題で、コーヒーや紅茶、アップルジュースなどがある。スイーツが足りないなら、プリンなどを追加注文できる。

「富士山ビュー特急」ルート

富士山ビュー特急

自由席車両も高級感ある内装に

【富士山ビュー特急】運行日：毎日（スイーツプランは土休日のみ）／区間：大月～河口湖／料金：4,900円（スイーツプラン）、2,470円（※自由席は不要）／予約：富士山麓鉄道ウェブサイトより途中、**富士山**が見えやすいビュースポットでは徐行運転をしてくれる。富士急の路線距離は約26kmと短く、乗車時間は50分ほどなので、あっという間に終点・**河口湖**に着く。

駅周辺を散策して食事をし、帰りは「フジサン特急」で戻ろう。小田急２００００形ＲＳＥをリニューアルしたもので、こちらもかつては特急「あさぎり」として走っていた。往路の「富士山ビュー特急」と合わせて、ＪＲ・小田急の「あさぎり」旧車両で往復乗車することになる。

モデルプラン

駅名	発着時刻	路線名・観光スポット
東京	09:35発	中央線特快
高尾	10:34着	
高尾	10:39発	中央線普通
大月	11:20着	
大月	11:49発	富士急行 「富士山ビュー特急」 （スイーツプラン4,900円）
河口湖	12:39着	河口湖散策、食事
河口湖	14:01発	富士急行「フジサン特急」 （運賃・料金1,570円）
大月	14:50着	
大月	15:27発	中央線特快
東京	17:02着	

河口湖から富士山を望む

フジサン特急

プラン31
名古屋発
日帰り

「大正ロマン号」で四季折々のグルメを味わう

青春18きっぷ
1回分使用

岐阜県の明知《あけち》鉄道は、１９８０年代からレストラン列車を運行してきた老舗《しにせ》だ。現在は、急行「大正ロマン号」に「食堂車」を連結するかたちでレストラン列車を運行している。ＪＴＢの『時刻表』には、列車案内に和食堂車を示すマークが記載されているが、このマークが使われているのは、全国唯一《ゆいいつ》である。

大正ロマン号

提供するメニューと列車名は、季節により変わる。おおざっぱには、4月〜9月が**「寒天列車」**、10月〜11月が「きのこ列車」、12月〜3月が**「じねんじょ列車」**。そのほか、**「おばあちゃんのお弁当列車」**や**「枡酒《ますざけ》列車」**もある。「青春18きっぷ」の利用期間と合致《がっち》するのは、おもに「寒天」と「じねんじょ」だ。いずれも事前予約が必要で、ネットの場合は10日前まで。直前予約は電話で受けてもらえることもある。

運行区間は恵那《えな》〜明智《あけち》間の約25㎞。恵那発は12時25分で、**名古屋**10時45分発の中央線快速列車に乗るとちょうどいい。**恵那駅**の片隅に明知鉄道のホームがある。

一般車両1両と食堂車の併結だが、日によっては食堂車が2両、3両と連《つら》なることもある。「じねんじょ列車」と「枡酒列車」が併結されることもある。それほど人気なのだ。

車庫で待機中の「じねんじょ列車(右)」

岩村城下町の町並み

大正文化を体感できる日本大正村

【急行「大正ロマン号」】運行日:月曜日を除く毎日(食堂車の連結は予約人数による)/区間:恵那〜明智/料金:2,500円〜(グルメの種類による。全車指定席)/予約:明知鉄道ウェブサイトより車両はロングシートで、向かい合うように長テーブルが置かれ、その上に食事が供される。メニューはもちろん「列車」により異なるが、どれも評判はいい。何しろ30年以上グルメ列車を運行している老舗である。年季が入っているのだ。

ロングシートで景色は見づらいが、車内では観光アナウンスもある。途中の**飯沼駅**《いいぬま》は33パーミルという急勾配にあり、日本「最急」の駅として知られる。觔斗雲《きんとうん》を上部に頂いた待合所がある**極楽**《ごくらく》**駅**や、**岩村城下町**の古い町並みなど、意外に話題が尽きない路線である。

明智駅周辺は、街全体が**「日本大正村」**というレトロテーマパークになっている。食事のあとの腹ごなしに散策するのにはもってこいだ。

帰りには、途中の**花白**《はなしろ》**温泉駅**で途中下車して、ひと風呂浴びて帰るといい。江戸時代より薬湯として知られた名湯で、駅前に日帰り湯がある。

モデルプラン

駅名	発着時刻	路線名・観光スポット
名古屋	10:45発	中央線快速
恵那	11:56着	
恵那	12:25発	明知鉄道急行 「大正ロマン号」 （料金はプランによる）
明智	13:19着	日本大正村観光
明智	15:17発	明知鉄道普通
花白温泉	15:31着	入浴：約1時間
花白温泉	16:42発	明知鉄道普通
恵那	17:18着	
恵那	17:46発	中央線快速
名古屋	18:57着	

※名古屋～恵那間の往復運賃は2,340円。この区間のみ乗車するなら、「青春18きっぷ」1枚あたりの金額よりも普通乗車券を買ったほうが安い。明知鉄道食堂車の料金は別途。食堂車料金には明知鉄道線内の1日乗車券が含まれる。

プラン32
大阪発
日帰り

「丹後くろまつ号」で〝海の京都〟ヘグルメ旅

青春18きっぷ
1回分使用

「海の京都」と呼ばれる京都府の丹後地方を走るのが、京都丹後鉄道だ。沿線に**天橋立**《あまのはしだて》など観光地が豊富なこともあり、古くから観光列車を走らせている。

いま活躍しているのは、「丹後くろまつ号」「丹後あかまつ号」「丹後あおまつ号」の３列車だ。「くろまつ」が予約制レストラン列車、「あかまつ」が予約制カフェ列車、「あおまつ」が予約不要の観光列車である。

看板列車は「丹後くろまつ号」。丹後の海山の幸を使った料理がいただける贅沢な列車だ。モーニング、ランチ、スイーツの３つのコースがあり、目玉はランチ。旬の食材を使用した懐石コースで値は張るが、丹後ならではの料理が味わえるとあって、予約が取りにくいほどの大人気だ。「丹後くろまつ号」の運転区間は天橋立～西舞鶴《にしまいづる》間で、天橋立13時５分発。大阪を７時54分の福知山線（ＪＲ宝塚線）で出発すれば間に合う。

車両はＫＴＲ７００形という同社の標準車両で、水戸岡鋭治氏デザインによるリニューアルが施《ほどこ》されている。黒い車体に金色の帯で、高級感満点。車内は天然木を贅沢に使った和モダンで、2人掛けと4人掛けのクロスシートに大きなテーブルがしつらえられている。

天橋立を出発し、途中、眺望の広がる**奈具《なぐ》海岸**で15分ほど停まり、**丹後《たんご》由良《ゆら》駅**では1時間近く停車。のんびりと美食を楽しむ列車であり、先を急ぐ列車ではないのだ。食事が終わった頃に、ハイライトの**由良川橋梁《きょうりょう》**を徐行運転で渡る。水面を滑《すべ》るような感覚だ。

「丹後くろまつ号」ルート

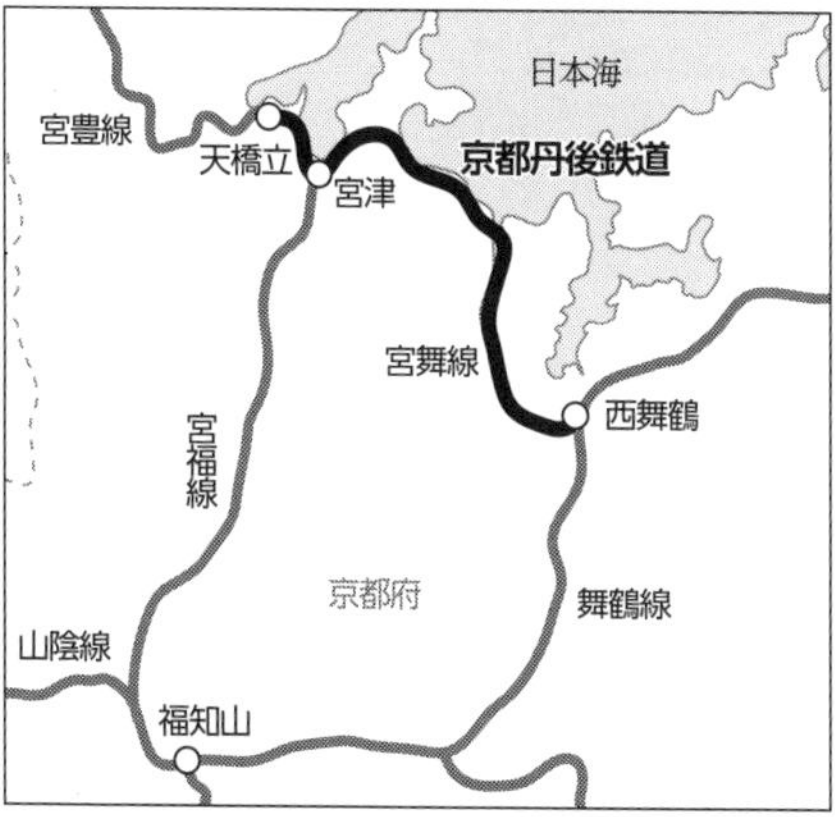

丹後くろまつ号

長時間停車のある丹後由良駅

【丹後くろまつ号】運行日：金土日祝／区間：天橋立～西舞鶴（時期により変更あり）／料金：14,000円（2023年度上期。時期により異なる。全車指定席）／予約：京都丹後鉄道ウェブサイトより天橋立～西舞鶴間は約29kmで、「丹後くろまつ号」は1時間45分かけて走る。終点の**西舞鶴**に到着後は、舞鶴の町を散策しよう。ノスタルジックな町で、**田辺城**を中心とした城下町の面影《おもかげ》が残る。駅から2kmほど離れた**吉原**《よしはら》**入江**《いりえ》には、一階に舟を収納する「**舟屋**」と呼ばれる建屋が現存する。ぜひ立ち寄ってみたい。

西舞鶴からは、JR舞鶴線で帰ろう。17時過ぎに出れば、途中、福知山で乗り換えて、20時台に大阪に着くことができる。

モデルプラン

駅名	発着時刻	路線名・観光スポット
大阪	07:54発	福知山線丹波路快速
篠山口	09:03着	
篠山口	09:27発	福知山線普通
福知山	10:23着	
福知山	11:13発	京都丹後鉄道（運賃800円）
宮津	12:09着	
宮津	12:22発	京都丹後鉄道
天橋立	12:28着	
天橋立	13:05発	京都丹後鉄道「丹後くろまつ号」（運賃・料金14,000円など）
西舞鶴	14:50着	舞鶴市内など観光：約2時間
西舞鶴	17:08発	舞鶴線・山陰線普通
福知山	17:53着	
福知山	18:11発	福知山線丹波路快速
大阪	20:21着	

吉原入江

プラン33

大阪発

日帰り

「ラ・マルド・ボァ」でこんぴらさんへ初詣

青春18きっぷ

1回分使用

本州と四国を結ぶ瀬戸大橋線は、海上を飛翔《ひしょう》するかのように走る鉄道路線だ。**鷲羽山**《わしゅうざん》を貫《つらぬ》くトンネルを抜けて海上に躍《おど》り出ると、足元には紺碧《こんぺき》の**瀬戸内海**が広がり、少し怖いような、しかし爽快《そうかい》な眺望が楽しめる。

この区間を走る観光列車としては「瀬戸大橋アンパンマントロッコ」が有名だ。ただ、ファミリー向けの列車なので、大人だけの旅には少々使いにくい。

と思っていたら、近年、「ラ・マルド・ボァ（La Malle de Bois）」というちょっぴり高級な観光列車が、年に数回、走るようになった。快速列車だが、全車グリーン車指定席なので、「青春18きっぷ」では乗車できない。ただ、大阪から普通・快速列車でアクセスしやすい地域を走っているので、「青春18きっぷ」の旅程に組み入れやすい。

「ラ・マルド・ボァ」が**瀬戸大橋**を走るのは、おもに祝日で、正月三が日は毎日走る。列車名は「ラ・マルことひら」で、運行区間は岡山～琴平。「こんぴら参り」で初詣をするのにうってつけだ。

大阪を6時25分に出て、山陽線を乗り継いで**岡山**に9時29分着。「ラ・マルことひら」は10時11分に発車する。２１３系という近郊形電車を改造した2両編成。かつて快速「マリンライナー」として瀬戸大橋を行き来していた車両である。

白い車体に黒い太線のデザインで、先頭には錨《いかり》のヘッドマーク。「ラ・マルド・ボァ」とはフランス語で「木製の旅行鞄《かばん》」という意味だそうだが、デザインもどことなく南仏風で、地中海を旅するかのような雰囲気を醸《かも》す。

車内は2人掛けのリクライニングシートと、窓側を向いたカウンター席で構成されている。2号車には売店があり、弁当やドリンクを販売している。目玉は「**旅するせとうちスイーツBOX**」というミニタルトの5個セット。乗車前日までの予約制だが、とても人気がある。

岡山を出て50分ほどで**児島**《こじま》。この先が瀬戸大橋だ。眺望のいい観光列車なので、海上の疾走感をことのほか味わえる。四国に渡り、終点**琴平**には12時着。

初詣客で混雑しているので、まずは、うどんで腹ごしらえをしておこう。おすすめは「**こんぴらうどん参道店**」。明治初期に建てられた登録有形文化財の木造建築が特徴で、名物の手打ちうどんを味わえる。例年、正月三が日も営業している。

【ラ・マルことひら】運行日：おもに祝日／区間：岡山〜琴平／料金：2,450円（岡山〜琴平の乗車券＋指定席グリーン券。全車グリーン車指定席）・予約：乗車1か月前より参道を進み、**金比羅山**《こんぴらさん》へ。参道口から本宮まで７８５段、奥社まで１３６８段の石段があり、全部上るとへとへとになるが、それだけに御利益がありそうに思えてしまう。

帰りも「ラ・マルド・ボァ」を使うなら、琴平15時20分発。普通列車で帰るなら、16時13分発がある。好みと予算で選ぶとよい。どちらも岡山駅に17時過ぎに着くので、早めの夕食をとろう。岡山駅前にイオンモールがあり、例年、正月も営業している。フードコートが充実して

ラ・マルド・ボァ

左右どちらの座席でも車窓を存分に楽しめる

「さぬきこんぴらさん」でおなじみの金刀比羅宮

いて気楽に食べられるが、もちろん地元の食事処《どころ》を探してもいい。ゆっくり食事をしても、大阪に22時頃に帰れる。

なお、「ラ・マルド・ボァ」は、通常の週末は宇野方面の「ラ・マルせとうち」や尾道《おのみち》方面の「ラ・マルしまなみ」として運行されることが多く、「ラ・マルことひら」の運転日数は少ない。前述のように祝日がらみの運行がメインで、「青春18きっぷ」の利用期間と重なるのは、正月三が日など年に数日のみだ。

尾道への「ラ・マルしまなみ」は、おおむね2週間ごとの週末に運行されていて、指定席券も比較的取りやすいので、日帰りで**尾道観光**をするのもいい。岡山発着の時刻は、「ラ・マルことひら」とほぼ同じで、大阪からのスケジュール感もだいたい同じである。「ラ・マルしまなみ」で日帰りする場合、尾道には約4時間滞在できる。

モデルプラン

駅名	発着時刻	路線名・観光スポット
大阪	06:25発	東海道・山陽線快速
姫路	07:57着	
姫路	08:01発	山陽線普通
岡山	09:29着	
岡山	10:11発	瀬戸大橋・予讃・土讃線 「ラ・マルことひら」 （運賃・料金2,450円）
琴平	12:00着	食事、金比羅山参拝 ：約4時間
琴平	16:13発	土讃・予讃線
坂出	16:45着	
坂出	16:54発	瀬戸大橋線快速 「マリンライナー48号」
岡山	17:32着	食事
岡山	19:17発	山陽線普通
姫路	20:40着	
姫路	20:55発	山陽・東海道線新快速
大阪	21:58着	

プラン34
大阪発
2泊3日

「四国まんなか千年ものがたり」「伊予灘ものがたり」で上質な時間を過ごす

青春18きっぷ
3回分使用

ＪＲ四国が誇る観光列車が「ものがたり列車」だ。その土地ならではの歴史や風土を物語る観光列車という位置づけで、土讃《どさん》線の「四国まんなか千年ものがたり」、予讃《よさん》線の「伊予灘《いよなだ》ものがたり」「志国土佐 時代の夜明けのものがたり」の3列車がある。

いずれも特急列車・全車グリーン指定席なので、「青春18きっぷ」で乗ることはできないが、四国周遊の旅程に組みこめば、華やかなひとときになる。ここでは、人気の高い「四国まんなか千年ものがたり」と「伊予灘ものがたり」に乗ってみるプランを紹介しよう。

最初は「四国まんなか」を目指す。1日目、**大阪**を5時発の列車で出発だ。「そんな早起きはできない」という方は、新幹線でワープするのもよい。

瀬戸大橋を渡り、「四国まんなか千年ものがたり」の起点・**多度津**《たどつ》へ。多度津〜大歩危《おおぼけ》間の運行で、多度津を10時19分に出発する。キハ１８５系特急型車両を改造した3両編成で、緑、白、赤の塗装が鮮《あざ》やかだ。

車内は「日本のたたずまい」をコンセプトとした和のインテリア。4人掛けと2人掛けのテーブル席に、カウンター席、ソファー席がある。3両編成で57座席しかなく、非常にゆったりとしたつくりだ。特急グリーン車の観光列車ともなると、さすがに格が高い。

琴平を出発すると食事が供される。多度津発（そらの郷紀行）は**「さぬきこだわり食材の洋風料理」**というコース。スープ、冷製料理、温製料理、デザートと続く豪華仕様である。食事は4日前までの予約制で、5600円。鉄道の運賃・料金よりもお高いが、これこそが列車の目玉なので、ぜひ味わいたい。

スイッチバックの秘境駅として有名な**坪尻**《つぼじり》では、13分停車する。定期列車の本数が少ないため、訪れにくい駅としても知られるが、観光列車ならちょうどいい按配《あんばい》で立ち寄れる。

阿波池田を出ると、車窓のハイライト、**小歩危**《こぼけ》**峡**、**大歩危峡**にさしかかる。景色に見とれているうちに、終点**大歩危**に到着。高知方面への普通列車まで1時間半あるので、ゆっくり散策できる。

高知に泊まり、2日目も早起きして**窪川**《くぼかわ》に向かう。予土線の「鉄道ホビートレイン」という、新幹線0系を模《も》した観光列車で**四万十川**の景色を楽しみながら**宇和島**へ。名物**「鯛めし」**の昼食をとり、**宇和島城**などを見学してから、**伊**《い》**予**《よ》**大洲**《おおず》で泊まる。

【四国まんなか千年ものがたり】運行日：おもに金土休日／区間：多度津〜大歩危／料金：次ページ欄外参照／予約：乗車1か月前より

３日目は、見事な復元天守で有名な**大洲城**をぜひ見学したい。早起きして訪問し、白壁木造の天守閣に上ったあと、**伊予大洲駅**に戻る。いよいよ特急「伊予灘ものがたり」だ。茜《あかね》色と黄金色のカラーリングが華やかなデザイン。これもキハ１８５系を改造した３両編成である。１、２号車は、４人掛けと２人掛けのテーブル席に、海側を向いたカウンター席が並ぶ。開放的な和空間の雰囲気だ。３号車は定員８名の貸切車両で、１両まるごとグリーン個室

四国まんなか千年ものがたり

四国山脈の山間にひっそりと佇む坪尻駅

伊予灘ものがたり

【四国まんなか千年ものがたり：料金】4,130円（多度津〜大歩危の乗車券・特急券・グリーン券。全車グリーン車指定席）。食事予約券は別途5,600円など（2023年上期）

という扱い。あこがれの車両だが、「青春18きっぷ」旅行者にはちょっと敷居が高い。

「伊予灘ものがたり」は、予讃線でも景色のいい「海線」と呼ばれる区間を走る。列車名の通り、**伊予灘**の抜けるような眺望が車窓に展開する。途中の**下灘《しもなだ》駅**は、海に面したホームから伊予灘の潮風を満喫できる駅だ。「青春18きっぷ」のポスターになったことでも有名で、「18きっぷ愛好家」には聖地といってもいい。「伊予灘ものがたり」は10分停車するので、ホームに降りて撮影タイムだ。

車内では、沿線ゆかりの**和食膳**（５５００円）が供される。「伊予灘ものがたり」は１日２往復するが、伊予大洲を10時57分に出る列車（双海編）は、食事の時間帯がよく、内容も素晴らしいことで定評がある。

おなかもふくれて、上質な時間を過ごしたところで、**松山**に着く。**松山城**などを観光してから予讃線に乗り、大阪へ戻ろう。

なお、ＪＲ四国の「ものがたり列車」はどれもネットでチケットを販売しておらず、駅窓口や旅行代理店でのみ扱っている。きっぷが取れたら同時に食事券も購入すること。食事券は乗車４日前までの販売である。

【伊予灘ものがたり】運行日：おもに土休日／区間：松山～伊予大洲・八幡浜／料金：次ページ欄外参照／予約：乗車1か月前より

モデルプラン

駅名	発着時刻	路線名・観光スポット
1日目		
大阪	05:00発	東海道・山陽線普通
西明石	06:09着	
西明石	06:23発	山陽線普通
姫路	06:57着	
姫路	07:05発	山陽線普通
岡山	08:34着	
岡山	08:40発	瀬戸大橋線快速「マリンライナー13号」
坂出	09:24着	
坂出	09:32発	予讃線普通
多度津	09:47着	
多度津	10:19発	土讃線特急「四国まんなか千年ものがたり」(運賃・料金4,130円+食事代5,600円)
大歩危	12:47着	大歩危観光:約1時間半
大歩危	14:19発	土讃線普通
高知	16:06着	宿泊
2日目		
高知	05:39発	土讃線普通
窪川	07:59着	窪川市内観光:約2時間半
窪川	10:43発	予土線普通「鉄道ホビートレイン」
宇和島	13:29着	食事、宇和島市内観光:約3時間半
宇和島	17:17発	予讃線普通
八幡浜	18:14着	
八幡浜	18:19発	予讃線普通
伊予大洲	18:40着	宿泊
3日目		
伊予大洲	朝	大洲城観光
伊予大洲	10:57発	予讃線特急「伊予灘ものがたり」(運賃・料金3,780円+食事代5,500円)
松山	13:01着	松山市内観光:約2時間
松山	15:03発	予讃線普通
観音寺	18:26着	
観音寺	18:42発	予讃線普通
坂出	19:25着	食事
坂出	20:24発	瀬戸大橋線快速「マリンライナー62号」
岡山	21:05着	
岡山	21:09発	山陽線普通
姫路	22:33着	
姫路	22:56発	山陽・東海道線新快速
大阪	23:57着	

松山城

【伊予灘ものがたり:料金】3,780円(松山〜伊予大洲の乗車券・特急券・指定席グリーン券。全車グリーン車指定席)。食事予約券は別途5,500円など(2023年上期)

プラン35
博多発
日帰り

「ことこと列車」でゆったりのんびりグルメ旅行

青春18きっぷ
1回分使用

平成筑豊《へいせいちくほう》鉄道は福岡県内を走る第三セクター鉄道である。国鉄時代に石炭輸送で栄えた伊田《いた》線、糸田《いとだ》線、田川《たがわ》線の3路線を引き継いだ。もちろん石炭輸送は昔話で、いまとなっては里山と田園を走るローカル線である。

のどかな雰囲気を楽しむための観光列車が「ことこと列車」である。日本の原風景のような車窓をゆったり楽しめるようにと、速度を時速20〜30㎞に落として走るレストラン列車だ。提供するのは本格派のフランス料理。「ことこと」ゆっくり走る列車で、沿線の里山や田園風景を眺めながら、地元食材を使ったフレンチのコース料理を味わう、という贅沢な趣向である。コンセプトは、「日本一ゆっくり・おいしい・楽しい列車」だそうだ。

博多駅を9時30分に出発。ＪＲ篠栗《ささぐり》線に約1時間乗ると、「ことこと列車」の始発・**直方《のおがた》駅**に着く。ホームにたたずむ「ことこと列車」の車両は、深紅《しんく》のメタリックカラー。４００形という同社の主力車両を改造した2両編成だ。デザインはおなじみ水戸岡鋭治氏で、車内に入ると天井の色鮮やかなステンドグラスが目を引く。床は寄せ木で、座席のパーティションには組子《くみこ》の装飾。細かいところまで手が込んでいて、感心させられる。

座席は4人掛けと2人掛けのテーブル席に、窓側を向いたソファー席がある。名前の通り「のんびり ことこと」と走る。最初は直方〜田川伊田間を1往復し、その後、直方〜田川伊田〜行橋《ゆくはし》と抜けていく。3か所のトイレ休憩があり、そのうちの1か所は木造駅舎が有名な**油《ゆ》須《す》原《ばる》駅**だ。昭和時代にタイムスリップしたような雰囲気は、「日本のローカル駅の原風景」かもしれない。

「ことこと列車」ルート

ことこと列車

ゆったりした席でコース料理を味わえる

【ことこと列車】運行日：おもに土休日／区間：直方〜行橋／料金：17,800円（食事代込み。全車指定席）。予約：乗車する日の半年前より平成筑豊鉄道のウェブサイトで受付食事は前菜から始まり、スペシャリテ、魚料理、肉料理、デザートと続く本格的なコース料理。昼間からお酒を飲みながら、スローな列車に揺られて、フランス料理を味わっていると、いつの時代にどこを旅しているのかわからなくなるような感覚に陥《おちい》る。

行橋からは、ＪＲ日豊線に乗り、**小倉**経由で博多まで2時間ほどで帰れる。ＪＲの普通列車が、ことのほか速く感じられるだろう。

モデルプラン

駅名	発着時刻	路線名・観光スポット
博多	09:30発	篠栗線普通
直方	10:27着	
直方	11:32発	平成筑豊鉄道 「ことこと列車」 （運賃・料金17,800円）
行橋	14:52着	
行橋	15:09発	日豊線普通
小倉	15:47着	
小倉	16:14発	鹿児島線快速
博多	17:17着	

菜の花畑を走る「ことこと列車」

九州最古の木造駅舎がある油須原駅

プラン36
博多発
2泊3日

「おれんじ食堂」「36ぷらす3」ぐるっと九州ひと周り

青春18きっぷ
3回分使用

　「青春18きっぷ」で九州を一周することはできない。西海岸を走る鹿児島線の八代《やつしろ》〜川内《せんだい》間が、第三セクターの肥薩《ひさつ》おれんじ鉄道に移管されているため、「青春18きっぷ」が使えないからだ。

おれんじ食堂

代替機能を果たしてきた肥薩線も災害で長期不通になっているため、2023年4月現在、熊本・鹿児島県境を「青春18きっぷ」で越えることができなくなっている。

　それに加えて、東九州の大分・宮崎県境の日豊《にっぽう》線も、「青春18きっぷ」にとっては難所となっている。1日1往復半しか普通列車がなく、早朝か深夜しか通れないからである。

　こうした事情で、「青春18きっぷ」での九州旅行は、事実上、南北で分断されている。九州北部から九州南部へ向かうには、新幹線や特急でワープすることになるが、どうせワープするなら観光列車を使いたい。熊本・鹿児島県境で肥薩おれんじ鉄道の「おれんじ食堂」に乗り、大分・宮崎県境を「36ぷらす3」で越えるルート案を紹介しよう。

博多を金曜日の6時21分の鹿児島線で出発。**大牟田**《おおむた》、**熊本**で乗り継いで、**新八代**に10時13分に着く。ここから「おれんじ食堂」に乗りこもう。２０１３年に運行を開始したレストラン列車の老舗だ。乗車のみのプランもあるが、せっかく乗るなら食事付きプランにしたい。和食とフレンチが月ごとに入れ替わる。

紺碧《こんぺき》の海を連想させる車体が美しい。肥薩おれんじ鉄道は海沿いを走る区間が長く、遠くに浮かぶ島々に目を奪われる。きらめく波を眺めながら、地元の食材を使ったフルコースのランチを味わうと、とても優雅な気分になる。4時間ほどかけて**川内**に着いたあと、鹿児島線に乗り継いで鹿児島市内に泊まろう。

2日目は土曜日。曜日を細かく書いているのは、「36ぷらす3」の運転区間が曜日により異なるからだ。九州を一周する観光特急で、木曜日に博多駅を出発し、月曜日までの5日間をかけて博多に戻るルート設定となっている。「青春18きっぷ難所」の宮崎・大分県境を越えるのは土

【おれんじ食堂】運行日：おもに金土休日／区間：新八代・八代〜川内／料金：22,000円（運賃＋食事代）。※次ページ欄外も参照／予約：肥薩おれんじ鉄道ウェブサイトより

曜日である。

鹿児島中央を9時に出発し、日豊線で**宮崎**に。土曜日の「36ぷらす3」は宮崎を11時51分に出発する。787系特急型電車の6両編成で、ブラックメタリックの車体が存在感を際立《きわだ》たせる。こちらも水戸岡鋭治氏のデザインで、1～3号車がグリーン個室、4号車がマルチカー、5～6号車がグリーン車だ。

グリーン車は3列のリクライニングシートで、畳敷きとなっており靴を脱いで乗車する。食

海と山それぞれの眺望を楽しめる

車窓からは不知火海が望める

フレンチコースのデザート

【おれんじ食堂:料金】乗車のみは、おれんじ18フリーきっぷ(当日有効の「青春18きっぷ」を所持する場合に購入可)2,100円＋指定券1,400円＝3,500円。普通乗車券の場合は新八代～川内間の運賃が2,840円

36ぷらす3

宗太郎駅に到着する36ぷらす3

イベントが開かれる重岡駅

事がセットになっている「ランチプラン」と、座席指定のみの「グリーン席プラン」があるが、せっかくなので「ランチプラン」を楽しんでみよう。5日前までの要予約である。

日豊線のなかでも延岡《のべおか》〜佐伯《さいき》間は、**「宗太郎《そうたろう》越え」**という分水嶺《ぶんすいれい》で知られる。「36ぷらす3」は、途中にある**宗太郎駅**で10分ほど特別停車する。1日上下3本しか列車が停まらない駅なので、10分の停車時間は貴重だ。途中、**延岡駅**と**重岡《しげおか》駅**では近隣の方による「おもてなし」もあり、ホームで小さなイベントが開かれる。

ランチは地元食材を使った上質なイタリアン。**宮崎・都農《つの》ワイン**のメニューもあるので、優

【36ぷらす3】運行日：木〜月曜日／区間：博多〜博多（5日間、5区間に分割）／料金：16,900円（宮崎〜別府のランチプラン）など／予約：ＪＲ九州の専用予約サイトより

雅なイタリア旅行気分を味わえるだろう。

5時間あまりで**別府**着。17時過ぎで、宿に落ち着くにはちょうどいい時間なので、1泊してくつろごう。翌日、午後の列車に乗れば、5時間足らずで博多に帰れる。

時間のない方は、「36ぷらす3」を別府で降車後、駅近くの共同湯でひと風呂浴びて普通列車を乗り継いでもよい。その日のうちに博多に帰れる。

モデルプラン

駅名	発着時刻	路線名・観光スポット
1日目(金曜日)		
博多	06:21発	鹿児島線快速
大牟田	07:38着	
大牟田	07:54発	鹿児島線普通
熊本	08:45着	
熊本	09:39発	鹿児島線普通
新八代	10:13着	
新八代	10:40発	肥薩おれんじ鉄道快速「おれんじ食堂」(運賃・料金22,000円)
川内	14:46着	
川内	15:59発	鹿児島線普通
鹿児島中央	16:53着	宿泊
2日目(土曜日)		
鹿児島中央	09:00発	日豊線普通
宮崎	11:38着	
宮崎	11:51発	日豊線特急「36ぷらす3」(運賃・料金16,900円)
別府	17:05着	宿泊
3日目(日曜日)		
別府	12:28発	日豊線普通
中津	13:53着	
中津	14:15発	日豊線普通
小倉	15:21着	
小倉	15:33発	鹿児島線区間快速
博多	17:00着	

プラン37
博多発
日帰り

「ふたつ星４０４７」で西九州の旅を優雅に締めくくる

青春18きっぷ
1回分使用

２０２２年の西九州新幹線開業に合わせて登場した、新しい観光列車が「ふたつ星４０４７」である。西九州新幹線の起点と終点である武雄《たけお》温泉と長崎のあいだを、在来線を使って走っていく。

武雄温泉からの往路が長崎線経由。長崎発の復路が大村線経由。どちらも海の眺望が魅力の路線である。列車名の「４０４７」とは、キハ40とキハ47を改造したという意味。おなじみ水戸岡鋭治氏のデザインで、古い車両を見事によみがえらせている。

博多駅を5時13分の列車で出発。**鳥栖**《とす》で乗り継ぐと、**江北**《こうほく》7時27分発の長崎行き普通列車に乗り継げる。長崎線江北～長崎間は、西九州新幹線開業前は〝特急街道〟だったが、いまはローカル線になっていて、ゆったりした時が流れる。

途中の**小長井**《こながい》は**有明海**に面した眺望の広がる駅で、晴れていれば遠く**雲仙**《うんぜん》**普賢岳**《ふげんだけ》が望める。**諫早**《いさはや》を過ぎ、急に家が密集してきたと思ったら、長崎市街地だ。終点**長崎**には9時39分に着く。

改めていうまでもないが、長崎は、**出島**《でじま》や**グラバー園**、**大浦天主堂**など、有名観光地に事欠かない。早起きしたおかげで、まだ10時前。長崎市内をたっぷり観光して、ちゃんぽんでも味わってから、帰りは特急「ふたつ星４０４７」に乗ろう。**長崎**発は14時53分発。白い車体に二重の星形マークが映える。

ふたつ星4047

2号車の共用スペース「ラウンジ40」

長崎を代表する観光スポット「グラバー園」

【特急「ふたつ星4047」】運行日：おもに月・金・土休日／区間：武雄温泉～長崎／料金：4,500円（長崎→武雄温泉のケース。全車指定席）／予約：乗車1か月前よりコンセプトは「西九州の海めぐり列車」。3両編成で、1号車と3号車が普通車指定席、2号車がラウンジという設定である。特急なので「青春18きっぷ」では乗れないが、グリーン車ではないので価格はリーズナブルだ。

座席は2人掛けのリクライニングシートが主体。一部でボックス席や窓側を向いたカウンター席がある。木のぬくもりを活《い》かしたシンプルなインテリアが落ち着く。ラウンジのビュッフェではスイーツを販売している。長崎市内にある洋菓子店「ママン・ガトー」の人気メニューをアレンジした**「長崎スフレ」**が人気だ。予約制なので、3営業日前までに申しこんでおこう。

モデルプラン

駅名	発着時刻	路線名・観光スポット
博多	05:13発	鹿児島線普通
鳥栖	05:58着	
鳥栖	06:06発	長崎線普通
江北	07:16着	
江北	07:27発	長崎線普通
長崎	09:39着	長崎市内観光、食事:約5時間
長崎	14:53発	長崎・大村線特急「ふたつ星4047」(運賃・料金4,500円)
武雄温泉	17:45着	
武雄温泉	18:01発	佐世保・長崎線普通
鳥栖	19:17着	
鳥栖	19:24発	鹿児島線普通
博多	20:09着	

早起きして長崎で観光をしてと、慌《あわ》ただしい1日だったが、「ふたつ星」が優雅に旅を締めくくってくれる。

武雄温泉からの接続もよく、博多には20時頃に到着する。

鎌倉 淳 かまくら・じゅん

1969年、東京都生まれ。旅行総合研究所タビリス代表。「青春18きっぷ研究所」などのウェブサイトを運営。1980年代から、アジア・ヨーロッパを中心に世界各地を旅する。「青春18きっぷ」は1986年から愛用し、日本国内の鉄道は全線完乗。著書に『死ぬまでに一度は行きたい世界の遺跡』(洋泉社)がある。

大人のための
青春18きっぷ 観光列車の旅

2023年 6 月20日 初版印刷
2023年 6 月30日 初版発行

著者 —— 鎌倉 淳

企画・編集 —— 株式会社夢の設計社
〒162-0041 東京都新宿区早稲田鶴巻町543
電話(03)3267-7851(編集)

発行者 —— 小野寺優

発行所 —— 株式会社河出書房新社
〒151-0051 東京都渋谷区千駄ヶ谷2-32-2
電話(03)3404-1201(営業)
https://www.kawade.co.jp/

DTP —— アルファヴィル

印刷・製本 —— 中央精版印刷株式会社

Printed in Japan ISBN978-4-309-29313-4